LES COLOMBO

DE FRANCE ET D'ITALIE

LES COLOMBO

DE FRANCE ET D'ITALIE

FAMEUX MARINS DU XVᵉ SIÈCLE

1461-1492

D'APRÈS DES DOCUMENTS NOUVEAUX OU INÉDITS
TIRÉS DES ARCHIVES
DE MILAN, DE PARIS ET DE VENISE.
MÉMOIRE LU A L'ACADÉMIE DES INSCRIPTIONS ET BELLES-LETTRES
DANS SES SÉANCES DES 1ᵉʳ ET 15 MAI 1874

PAR M. HENRY HARRISSE

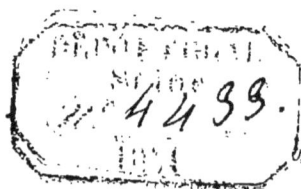

PARIS

LIBRAIRIE TROSS

5, RUE NEUVE-DES-PETITS-CHAMPS, 5

M DCCC LXXIV

LES

COLOMBO

DE FRANCE ET D'ITALIE

I.

EUX galéasses[1] de Ferdinand, roi de Sicile, avaient quitté Naples le 5 novembre 1473, sous les ordres d'Aniello Pirozzo. Elles furent capturées au retour, à la hauteur du port de Vivero en Galice, le 1er octobre 1474, par un corsaire

1. La galéasse était une grosse galère ayant trois mâts, deux voiles latines et un pierrier entre chaque banc de rameurs. On l'appelait aussi *ferrandine*. « Galeasses appelées Ferrandines, lesquelles depuis auaient eté prinses par aucunes gens de guerre estant

qui naviguait à leur rencontre avec une escadre française de sept voiles, et que les chroniqueurs italiens appellent Colombo. Les notes diplomatiques échangées à cette occasion, le nomment en latin *Columbus*.

Les premiers historiens napolitains qui fassent mention de cette capture, opérée en pleine paix, sont le notaire Giacomo [1], contemporain du fait qu'il raconte, et Giuliano Passero [2], qui vivait au commencement du XVIe siècle.

Passero seul dit que l'escadre spoliatrice appartenait au roi de France, et il qualifie Colombo de « capo », chef. Giacomo rapporte

sur la mer, nos subjetz qui en icelles galeasses auaient pris plusieurs biens. » *Mandement du roy pour indemniser les Florentins.* 20 avril 1475, *infra,* n° VII, p. 83.

1. « A. D. 1473 : a di 5 de novembro se partero da la cita de Napoli doz galeaze della Maesta del signore Re.... A. D. 1474 : a di 1° de octobre essendo le supradicte galeazze de Re ferrando in Galizia allo porto de bibera, quale era de re de Franza fo prese da uno corsale nomine Colombo quale avea socto de se secte nave et andava incorso. » *Cronica di Notar Giacomo, publicata per cura di Paolo Garzilli.* Napoli, Stamperia reale, 1845, in-fol., pp. 127, 128.

2. « Foro prese le galiazze dello signore Re ferrante a Galitia allo puorto de vivera da 7 navi de Re de Franza, e lo capo loro se chiama Columbo. » Giuliano Passero, *Storia in forma di giornale* (1189-1531). Napoli, 1785, in-4°, p. 29.

seulement que le port de Vivero relevait de Louis XI, ce qui est exact, mais il traite Colombo de « corsale », corsaire, expression que, vu l'époque où ces événements se passèrent, on ne doit pas trop prendre à la lettre.

Aussitôt que la nouvelle de cette capture parvint à Ferdinand, il écrivit, le 8 décembre 1474, à Louis XI, pour se plaindre des déprédations commises. Les termes de sa lettre montrent bien qu'il s'agissait d'une escadre française, et la réponse du roi de France dit clairement, à plusieurs reprises, que le commandant était un de ses propres sujets [1].

1. *Littere quas Rex Ferdinandus scripsit Regi Christianissimo per Dominum suorum armorum Regem super captione duarum triremum suarum per Columbum et alios subditos Regis, facta apud vivarium portum Hispaniarum recepte Parisius die jovis* XXVj° *januarii* m° CCCC *Septuagesimo quarto* (*Datum in Terra Fogiæ die* VIIj *decembris* M° CCCCLXXIIIj°*).*

Litteræ scriptæ per Christianissimum Regem supremum Dominum nostrum Regi Ferdinando respondendo litteris quas ipse Rex Ferdinandus scripsit sibi per dominum suum armorum Regem super captione duarum triremum per Columbum et alios subditos regis facta apud vivarium Hispaniarum portum, quæ litteræ factæ fuerunt die ultima mensis januarii M° CCCC. LXXIIIj°.

Ce fut lors de son voyage de 1675, que Leibniz se procura ces deux pièces, mais nous ignorons sur quel texte. Le n° 8,408 [2] (fol. 207) du fonds Baluze, contient un inventaire de documents du

Ces deux lettres furent publiées pour la première fois par Leibniz[1], mais avec un titre tout à fait arbitraire. Au nom de Columbus, il avait ajouté de son chef le prénom de *Christophorus*.

Nicolas Thoynard lui écrivit pour le désabuser, déclarant que le Columbus à qui Ferdinand imputait cette injuste agression, n'était pas le navigateur devenu plus tard si célèbre, mais Guillaume de Casenove, dit Coulomp, vice-amiral de France.

xve siècle, où ces deux lettres se trouvent indiquées sous la rubrique suivante : *Registre de Loys XI, cotté y*. Ce registre n'est pas au trésor des chartes, et cette cote ne répond, aux archives nationales, qu'à des recueils du Parlement, où nous n'avons pas retrouvé les pièces en question. Mais la bibliothèque nationale possède (n° 15,539) une copie, faite pour l'abbé d'Estrées, d'un volume qui paraît avoir été l'original cité dans Baluze. Ce beau ms. porte le titre de : *Registre du chancelier Doriolle depuis 1474 jusques en 1480 auquel sont contenus plusieurs instructions, mémoires, traités et ordonnances de Louis XI*. Aux pages 16-24, sont insérées les deux lettres dont nous donnons le titre ci-dessus. Elles sont suivies de deux documents se rapportant au même sujet et inédits : la minute des lettres écrites par messire Thomas Taquin, et la lettre d'Aniello Pirozzo. Legrand donne aussi une pièce inédite, dont il n'indique pas la source : c'est le mandement du roi aux généraux des finances du Languedoc, pour indemniser les Florentins qui avaient des marchandises à bord des galéasses capturées devant Vivero. Nous publions ces trois documents, *infra,* n°s VII, VIII, IX.

1. *Codex juris gentium diplomaticus,* Hannov. 1693, in-fol. Prodrom., p. 23.

Leibniz, sans hésiter, inséra dans la préface du second volume de son *Codex* une espèce d'amende honorable[1] qui fut louée par les comtemporains[2], comme si cette rectification n'avait pas été dictée par l'équité la plus élémentaire.

Nous n'avons pas la lettre qu'écrivit Thoynard, mais il semble n'avoir eu d'autre autorité pour sa juste critique que l'histoire du roi Louis XI, connue sous le titre de *Chronique scandaleuse*.

Ces annales sont dignes de foi, car nous sommes persuadé qu'elles ont pour base un travail, aujourd'hui perdu, de Jean Castel[3], chroniqueur de France, mort vers 1480, et consé-

1. « Sed significavit Toinardus sub Ludovico XI, vice-amiralium fuisse quemdam Gulielmum de Casanova cognominatum Coulomp, cujus et meminit contemporaneus autor libri, qui *Chronici scandalosi* nomine venire solet. » *Mantissa codicis,* Hannov. 1700, in-fol. Preface, verso de a 2. Muratori exprime aussi un doute, et son langage semble indiquer qu'il n'avait pas connaissance de la rectification adressée par Thoynard. « Penso [Leibniz] quel valentuomo, che questi fosse el celebre Christoforo Colombo : cosa a mio credere lontana del vero per varie ragioni. » *Annali d'Italia,* Roma, 1753, in-8°, vol. IX, Part. II, p. 239.

2. Éloge de Leibniz, dans les *OEuvres de Fontenelle,* Paris, 1761, in-12, vol. V, p. 457.

3. Quicherat, *Bibliothèque de l'école des chartes,* 4ᵐᵉ série, vol. I et II.

quemment contemporain des faits qu'il rapporte et des personnages qu'il décrit.

Malheureusement, les renseignements qu'on y trouve sur ce Columbus, que ladite chronique appelle Coulon et Coullon, sans jamais lui donner de nom de famille ou de prénom, sont trop succincts pour permettre de l'identifier complétement avec le capteur des deux galéasses napolitaines.

Il n'est parlé de ce personnage dans la *Chronique scandaleuse* que trois fois [1].

La première fois, en ces termes :

« Le Roy... fist aussi arriuer et auitailler la nef de Monsieur l'Admiral, la nef de Colon et aultres plusieurs beaux nauires. » (*Circa*, juin 1470.)

La seconde fois, vers mai 1475, à propos de plusieurs visites faites à Notre-Dame-d'Escouys par Louis XI, « en vng hostel pres d'illec nommé Gaillartbois, appartenant à Colon lieutenant de M. l'Admiral. »

La troisième et dernière fois, c'est en racontant sous la date de 1479, « la plvs grant descon-

---

1. *La Cronique du tres chrestien et victorieux roy Loys vnziesme.* Paris, 1558, petit in-8°, pp. 79, 109, 154.

fiture qui passé à cent ans fut faite sur mer »,
et dont le héros était « Coulon et aultres escumeurs de mer. »

Ces extraits n'ont rien de décisif, et ils
n'autorisent qu'un simple rapprochement, comme
celui que Thoynard a dû faire.

L'abbé Legrand est le premier historien qui
ait dit en termes positifs [1] que le Columbus de
l'affaire de Vivero et Guillaume de Casenove ne
font qu'un seul et même personnage. Ce patient
érudit n'indique pas toujours ses autorités, bien
qu'il ait ajouté à son histoire de Louis XI vingt-
huit volumes de pièces historiques, tirées non-
seulement des manuscrits de la bibliothèque
du roi et du trésor des chartres, dont il fut
chargé en 1720 de dresser l'inventaire, mais des
archives alors si complètes de la Bourgogne, du
Dauphiné et de la Provence. Legrand a certainement [2] en vue l'interpolation relevée par
Thoynard et qui se produisit lorsque le savant

1. *Histoire de Louis XI avec les preuves,* Ms., 31 vols. dont 28
de pièces historiques. Bibliothèque nationale, fonds français,
Nᵒˢ 6,959 à 6,990. Vol. III, p. 26.
2. « Coullon s'appelloit Guillaume de Casenove, on ne doit
pas le confondre avec Christofle Colomb, comme font ceux qui
connaissent peu l'un et nullement l'autre. » *Ibidem*, p. 27.

abbé travaillait à son histoire de Louis XI ; mais la missive d'Aniello Pirozzo, les minutes de Thomas Taquin et surtout le mandement royal pour indemniser les Florentins, pièces qu'il insère *in extenso* dans son volumineux recueil [1] de preuves, indiquent que ce chercheur infatigable a puisé à des sources originales non signalées par les autres historiens.

Duclos s'exprime d'une manière tout aussi positive [2], mais son « érudition d'hier », comme le chancelier d'Aguesseau qualifiait le savoir dont il fait montre dans son histoire de Louis XI, n'ajoute à son assertion que le crédit emprunté à Legrand, dont il a copié des pages entières. Nous pouvons en dire autant de J.-J. Garnier [3].

---

1. *Histoire de Louis XI avec les preuves*, vol. XXII, p. 204 ; vol. XXIII, pp. 27, 101. Legrand paraît avoir copié ces pièces, sauf le mandement pour indemniser les Florentins, sur la copie du registre de Doriol, du fonds Saint-Germain, provenant de l'abbé d'Estrées, diplomate qu'il accompagna en Espagne dans l'année 1702, et dont il devint le secrétaire lorsque ce dernier succéda à son oncle le cardinal d'Estrées, ambassadeur auprès de Philippe V.

2. *Histoire de Louis XI*. La Haye, 1750, 3 vol. in-12, vol. II, p. 165.

3. *Histoire de France depuis l'établissement de la monarchie*, par Velly. Paris, 1770-89, in-4°, vol. IX, pp. 330, 381, 484. Les manchettes se rapportent aux mss. de Legrand ; mais nous ne

Le *Ducatania*[1], plus tard cité par Chauffepié, qui n'introduit aucun élément nouveau dans la discussion, ne fait que paraphraser à sa manière les textes donnés par le grand philosophe alle-mand, en y maintenant le nom de Christophe Colomb, avec cette variante erronée que les galères étaient espagnoles.

Nous allons tenter de reconstruire sommai-rement la vie de ce Columbus, en nous aidant du registre du chancelier Doriolle, et des docu-ments originaux réunis par Gaignières[2], dont plusieurs ont servi de base au travail, malheureu-sement trop succinct, des continuateurs du père Anselme[3]. Nous emprunterons aussi d'amples détails aux dépêches des ambassadeurs vénitiens et, surtout, à une suite de lettres inédites décou-vertes dans les archives ducales à Milan par notre savant ami, M. le marquis Girolamo

savons où Garnier a puisé le renseignement que Coullon « exer-çait sur toutes les mers le métier d'armateur. »

1. Édition de 1738, pp. 143, 144, 422.

2. Bibliothèque nationale, Mss., au cabinet des titres, dossier *Casenove*, neuf pièces.

3. *Histoire généalogique et chronologique de la maison royale de France, des pairs, grands officiers,* etc. Paris, 1726-33, in-fol.; vol. VII, pp. 855-856.

d'Adda, et qu'avec sa générosité accoutumée il a eu l'extrême obligeance de mettre à notre disposition.

Si nous en croyons la nomenclature donnée par l'abbé Expilly [1], il y avait, dès l'année 1461, un vice-amiral de France surnommé Colon, Coulon, Coulomp ou Coullon. Les pièces originales que nous avons vues sont toutes signées « Coullon. »

Nous ignorons absolument la signification ou l'origine de ce surnom singulier. Quoi qu'il en soit, Coulon ou Colon étant dans l'ancienne langue française le nom du pigeon [2], il est naturel que les documents latins et italiens où il est question de notre héros l'aient nommé *Columbus* et *Colombo*.

Ce Coulon était un cadet de Gascogne [3],

1. *Dictionnaire géographique des Gaules*, Paris, 1762, in-fol., vol. I, art. *Amirauté*, p. 163.

2. Ducange, supplément de Carpentier. C'est pour cette raison que plusieurs familles de Normandie du nom de Coulon, portaient d'azur à trois colombes d'argent. Cf. *Armorial de Normandie*, Ms. Bibliothèque nationale, pp. 703, 779.

3. Anselme, *loc. cit.*, p. 854. Notons cependant que les Casenove de Gascogne portaient et portent encore d'azur à la tour d'argent, maçonnée de sable, le tout posé sur une terrasse de

appelé de son nom véritable Guillaume de Casenove. On ne sait quand et à quelle occasion il
vint à la cour de France, et quels furent ses
premiers exploits. Coullon paraît cependant avoir
été un des familiers de Louis XI lorsque celui-ci
n'était que dauphin, et a pu faire partie de la
suite qui accompagna le prince fugitif venant
demander asile au duc Philippe de Bourgogne
(1456).

Simon de Pharès, célèbre astrologue, second
du nom, dit[1] que « Maistre Robert de Cazel
resident avecques le très adventuries Coullon,
vielz admiral de la mer en Normandie[2], cestui
sceut le secret de la quarte de naviguer. Et
avecques scavait bailler de si bonnes ellections
pour naviguer audit Coullon qu'il a plus fait en

---

sinople. Le seul document héraldique que nous ayons touchant
Guillaume de Casenove, est un simple scel : d'argent à deux che-
vrons d'azur. Dossier *Casenove.*

1. *Recueil des plus célèbres Astrologues et quelques hommes doctes,
faict par Symon de Pharès du temps de Charles VII.* Ms. Fonds
Français, n° 1357, f. 161, recto.

2. L'amirauté de Normandie ne comportait qu'un vice-
amiral, parce qu'elle relevait de l'amirauté et de l'amiral de
France. Daniel, *Histoire de la milice française,* Paris, 1721, vol. II,
p. 692. Coullon était donc le lieutenant de Louis (bâtard) de
Bourbon, qui fut amiral de 1461 à 1483.

son temps que ne fist homme en mer, puis le temps messire Bertran du Guesquien aliter de Glesquin, et fut plus craint que homme vivant en mer en la coste de Normandie. »

Ces maigres détails sont tout ce que nous savons sur les commencements de Coullon.

C'était, dès l'avénement de Louis XI au trône, un personnage considérable, puisque nous le voyons s'opposer à l'enregistrement des lettres d'abolition obtenues par le duc de Bourgogne et données à Tours en octobre 1461 [1]. Mais le document le plus ancien, à notre connaissance, où ses titres soient énoncés, est une quittance donnée par lui le 20 janvier 1465 [2]. Il y est qualifié de « Visadmiral de France, maistre enquestueur et réformateur des eaues et foretz

---

1. Anselme, *loc. cit.*, p. 856. Nous n'avons pu retrouver ces lettres d'abolition, mais Lenglet-Dufresnois donne dans son édition de Comines (vol. II, p. 346) des lettres octroyées sous cette date d'octobre 1461 à Tours, « à tous les officiers du duc de Bourgogne. »

2. Quittance donnée à Jehan Estienne, lieutenant général pour « cinquante livres tournois pour moitié de cent livres tournois que nous avons acoustume prendre chacun an sur la viconte d'Arques à cause des gaiges de nostre office de grant maistre. » Ms. Dossier *Casenove* et *infra*, n° 1.

en Normandie et Picardie. » A ces titres,
d'autres pièces ajoutent la qualification de seigneur de Varelme et du Mesnil-Paviot, ainsi que
celle d' « escuier d'escurye du Roy », charge
qui paraîtrait assez singulière pour un marin, si
elle était prise dans le sens moderne du mot,
mais que nous voyons octroyée à deux autres
amiraux de Louis XI, Jean de Narbonne et Odet
d'Aydie [1]. Il avait droit d'usage dans les forêts
de Lyon et de Bacqueville [2], et nous savons
d'autre part qu'il possédait des « gaiges et pensions à Honnefleu, Lisieux et ès part d'environ [3]. »

Par des lettres royales du 15 juillet 1466,
Louis XI confirma Coullon avec éloges dans son
office de maître des eaux et forêts de Normandie,
qui semble lui avoir été contesté par le sire de
Châtillon lorsque ce dernier fut appelé à succéder
au sire de Mantauban [4].

1. Anselme, *loc. cit.*, pp. 771, 859.
2. « En récompense des services qu'il rendait au roi tous les
jours. » Legrand, vol. III, p. 27.
3. Procuration donnée par sa veuve en date du 10 sept. 1483,
infra, n° XXV.
4. Matricule de l'expédition des lettres royales, dans le dossier *Casenove* et *infra*, n° II.

En juin 1469, Coullon croisait dans le canal
d'Angleterre avec une escadre de huit navires,
attendant pour s'en emparer, les galères dites
flamandes, expédiées de Venise. Les minutes
du sénat vénitien le traitent de pirate [1], mais
les documents milanais, désintéressés et justes,
le qualifient de « Colombo, homo de guerra del
S. Re di Franza per mare [2]. »

En mai 1470 [3], il prépare une nouvelle

1. « Columbum pyratam cum navibus et belengeriis octo,
esse in canalibus Flandrie, ibique galeas et naves nostras expectare
intentione damnificandarum earum. » *Deliberazioni Senato*, 20 Lu-
glio 1469, dans *Calendar of State papers and manuscripts relating to
English affairs, existing in the archives and collections of Venice
and in other libraries of Northern Italy. Edited by Rawdon Brown,
published by the authority of the Lords Commissioners of Her Majesty's Treasury*. London, 1864, in-8°, vol. I, p. 122, n° 419. Le
P. Anselme cite une quittance du 3 mai 1469, donnée en son nom
et probablement en son absence, par Jean le Sec, son lieutenant
général et beau-père ou beau-frère, qui semble corroborer la
notice vénitienne.

2. Lettre de Zuchino della Chiesa, Bruges, sept. 1469,
infra, n° IV, p. 80.

3. « Facit pro nostro dominio, considerato eo quod habetur
per litteras Oratoris nostri in Francia de apparatu, quem faciebat
columbus pyrata, causa eundi ad damna nostrorum facere de
presenti omnem provisionem, pro tutella galearum nostrarum
Flandrie. » Décret du Sénat, 17 mai 1470. *Calendar*, n° 427; *Chronique scandaleuse*, p. 79.

expédition, probablement dans le port d'Honfleur. C'était pour attaquer encore les galères flamandes, qui paraissent avoir eu pour les marins du xvᵉ siècle l'attrait qu'eurent plus tard les galions d'Espagne. Louis XI, d'ailleurs, permettait de leur courir sus pour se venger des services que Venise ne cessait de rendre à son implacable ennemi le duc de Bourgogne [1].

En 1471, Coullon était à la cour ou dans ses terres de Normandie [2].

Le 1ᵉʳ octobre 1474, courant la mer avec son escadre, il rencontra sur les côtes de Galice, à la hauteur du port de Vivero, deux grandes galères revenant d'Angleterre ; elles étaient chargées de marchandises qui appartenaient à des Napolitains, des Génois et des Florentins, mais naviguaient sous le pavillon de Ferdinand III, roi de Sicile. Sous le prétexte que ces navires

1. « Quoiquè le Roy faché contre les Vénitiens des grandes liaisons qu'ils avaient eu avec le feu duc de Bourgogne eut donné ordre de leur courir sus, de prendre et arrêter leurs vaisseaux... » Legrand, vol. III, p. 275.

2. Quittance donnée à Jehan Raynier, conseiller du roi, le 2 février 1471. Dossier *Casenove*.

avaient livré des denrées au duc de Bourgogne
et aux Anglais, les ennemis invétérés du roi de
France « Anglorum..., coronæ franciæ invetera-
torum hostium », et que des soldats du souve-
rain, dont ces galéasses portaient les couleurs,
avaient maltraité des Français en Roussillon [1],
il s'en empara par représailles. Les galères
capturées, avec leur équipage et les marchands
spoliés, furent amenés en Normandie, vraisemblablement à Honfleur. C'est l'expédition qui
motiva la lettre du roi Ferdinand, datée du
8 décembre 1474. Cette lettre fut apportée à
Paris le 26 janvier 1474, par son roi d'armes, et
Louis XI y répondit cinq jours après (31 janvier),
en promettant une équitable réparation « excusat
tamen Columbum, quòd jus sit in Oceano capere
naves ab hostilibus terris venientes... » Malgré
ce désaveu « quoique le Roy, dit Legrand,
n'approuvasse pas tout ce que faisoit Coullon, il
ne l'abandonna point dans cette occasion. Il
se chargea lui-même de satisfaire ceux qui

---

1. C'est vraisemblablement à cette expédition que fait allu-
sion Thomas Basin dans sa Chronique, édition Quicherat, vol. II,
p. 313.

se plaignaient... [1] » en levant plusieurs nouveaux impôts [2].

La présence de Louis XI à Gaillartbois en juin et juillet 1475 nous porte à supposer que Coullon y était également pendant l'été de cette année [3].

En avril-mai 1476 [4], il arme dans un des ports de Normandie une flotte de seize navires qui fut envoyée par Louis XI pour guerroyer sur les côtes de Biscaye et escorter en France le roi de Portugal, Alfonse V, après sa défaite de Toro.

Sur sa route, dans le port de Brest [5], Coullon rencontre quatre navires espagnols, il les capture et passe tous les prisonniers au fil de l'épée.

1. *Histoire de Louis XI*, lib. XVIII, p. 25, et lettre de Botta au duc de Milan, Venise, 15 février 1474, *infra*, n° VI.

2. On mit, par exemple, un droit sur les marchandises qui entraient à Lyon ou qui en sortaient.

3. Mademoiselle Dupont a eu l'extrême obligeance de nous communiquer des lettres de Louis XI, datées de Gaillartbois, 20, 21, 24 juin, 16, 17, 18 juillet 1475. Cette dernière a été publiée par M. Quicherat, *Chronique de Thomas Basin*, vol. IV, p. 385.

4. Lettres de Guido Visconti au duc de Milan, Gênes, 23 et 28 mai 1476, *infra*, n°s X, XI, p. 87.

5. Lettre du même au même, 26 juillet 1476, *infra*, n° XIII.

A la fin de juin, il arrive à Bermeo, en Guipuzcoa, pendant qu'Alain d'Albret [1] et Yvon
du Fou y faisaient la guerre. Une affreuse tempête le surprend dans le golfe de Biscaye; il
perd son vaisseau-amiral, mais le vent le pousse
jusqu'en Galice où il débarque à temps pour
prendre part à l'attaque de Ribadeo. Après avoir
éprouvé de grandes pertes, Coullon se rem-
barque, entre enfin en août dans le port de
Lisbonne, et prend à Belem le roi de Portugal.
La flotte fait escale à Ceuta, mais dans le golfe
du Lion une autre tempête l'empêche d'arriver
jusqu'à Marseille [2], où ses instructions lui
commandaient de prendre terre, et il débarque
Alfonse V à Collioure, dans le Roussillon vers
la mi-septembre [3].

1. Instructions données par Louis XI au sieur d'Albret,
21 décembre 1475, dans Legrand, vol. XXIII, p. 432.

2. « Mas por o vento lhe esquacear, sahio em Colibre. »
D. Nuñez de Leao, *Cronicas dos reyes de Portugal*, Lisboa, 1643,
in-fol., p. 224.

3. « Y Colon con la armada Francesa llegando a Bermeo, passo
gran tormenta, y perdio la nave capitana y corrio hasta la costa
de Galizia, è in tempo de combatir a Ribadeo : y perdio buena
parte de su gente. » Zurita, *Anales de la Corona de Aragon*, Zara-
goça, 1610-1671, in-fol., vol. IV, f. 262, verso, et lettre de Leonardo Botta, 7 octobre 1476.

Coullon semble s'être rendu alors à Gênes;
peut-être n'y a-t-il envoyé qu'un de ses navires,
pour faire réparer des avaries éprouvées dans
les deux tempêtes [1].

1. Nous pensons que c'est à Coullon ou à un des vaisseaux
de son escadre et non à Christophe Colomb, comme on l'a cru
jusqu'ici, que se rapporte l'inscription sur le registre des avaries
de Gênes, signalée par Spotorno (*Codice Diplomatico Colombo-Americano*, p. XIV).

La flotte qui escortait Alfonse de Portugal devait débarquer à
Marseille, et sa présence probable dans la Méditerranée fut
annoncée par des marchands de Bruges au gouvernement de
Gênes (*infra*, n° X, p. 87); mais à cause du mauvais temps, l'escadre, probablement dispersée, se rallia devant Collioure et y
opéra son débarquement. Il est naturel de penser qu'un des
navires, voire même celui que Coullon montait après avoir perdu
son vaisseau-amiral dans le golfe de Biscaye, fit réparer ses avaries
à Gênes, où devait l'attendre un excellent accueil, par suite des
négociations qui se poursuivaient à Tours pour qu'il ne molestât
plus les Génois. Débarqué en Roussillon vers la mi-septembre,
nous ne retrouvons Coullon à Lisbonne que le 27 octobre. Qua-
rante jours, c'est plus qu'il n'en fallait, même à cette époque,
pour aller de Collioure à Gênes, faire réparer ses avaries, et
revenir en Portugal.

Ce registre des avaries, Ms. appartenant en 1823 à un gra-
veur génois nommé Roggerone, et que malgré nos recherches
nous n'avons pu retrouver, ne donne pas le prénom du Colombo
matriculé sous la date de 1476. Nous ne saurions dire non plus
si c'est à cette entrée ou à une autre que se rapporte la note
visant le Ms. Roggerone, que nous empruntons à Spotorno :
« N. Columbo fu capitano di gallee del Re di Francia; ma non

Le 27 octobre 1476, il est de retour à Lisbonne [1], et vers le 19 novembre, sa flotte y
désarme [2].

C'est à cette époque que les Génois, dont
Coullon semble avoir inquiété le commerce
maritime, obtiennent du roi de France, sur la
demande du duc de Milan, qu'à l'avenir l'audacieux amiral ne les molestera plus [3].

En décembre 1476, on annonce à Venise [4],
avec une joie manifeste, que les Basques, dont
on avait signalé en octobre [5] les armements
considérables à l'effet d'attaquer « Colombo
corsaro francese », viennent de le faire prisonnier.
C'était un faux bruit, puisque nous le retrouvons
le 12 décembre 1476 [6], à l'ancre dans le port

si sa se fosse genovese.» *Storia letter. della Liguria,* vol. II, p. 258.

1. Lettre de Gregorio Lemolino à Simonetta, Gênes 22 décembre 1476, *infra,* n° XIX, p. 96.

2. Lettre du même au même, Gênes, 18 décembre 1476,
infra, n° XVII, p. 94.

3. Lettre de Francisco Pietrasanta au doge de Gênes, Tours,
21 novembre 1476, *infra,* n° XVI, p. 94.

4. Lettre de Leonardo Botta au duc de Milan, Venise,
21 décembre 1476, *infra,* n° XVIII, p. 95.

5. Lettre du même au même, Venise, 7 octobre 1476,
infra, n° XIV, p. 90.

6. Lettre de Gregorio Lemolino au duc de Milan, Gênes,
11 février 1477, *infra,* n° XX, p. 96.

de Lisbonne avec sa flotte. Au commencement
de janvier 1477[1], il louvoie devant le cap Saint-
Vincent, accompagné de neuf vaisseaux, attendant au passage les galères vénitiennes qui
venaient de faire escale à Cadix, et n'osaient
sortir de ce port.

Ces craintes perpétuelles avaient décidé la
Signoria à envoyer, dès l'année précédente,
Francesco Donato, afin d'assurer la liberté maritime. En 1477, Louis XI, adouci probablement par la mort récente de Charles le Té-
méraire, consentit à signer un traité avec
Venise[2], et nous voyons qu'en mars 1478[3],
Domenico Gradenigo obtint une garantie effi-
cace pour les galères flamandes. Ces négociations expliquent pourquoi c'est seulement après
sept années, et pour un fait isolé, qu'il est
de nouveau question dans les archives véni-

1. Lettre de Gregorio Lemolino au duc de Milan, Gênes, le
12 février 1477, *infra,* n° XXI, p. 97.

2. Traité de paix entre le Roy et le duc et la seigneurie de
Venise auquel est compris de la part du Roy la seigneurie de Florence; 9 janvier 1477. *Registre du chancelier Doriolle,* Ms.,
p. 903. *Rattification des traictez,* 1478; ancien fonds français,
n° 2892, pièce 1, et Recueil de Léonard, vol. I, p. 211.

3. *Calendar,* n° 464.

tiennes de démêlés semblables avec la France[1].

Nous retrouvons le nom redouté de Coullon en août 1478, dans une lettre de Casale[2] où Antonio d'Appiano transmet à Bonne de Savoie le conseil d'obtenir de Louis XI qu'il envoie « Columbo, capitano et corsaro de galee » pour la seconder dans une descente en Provence.

En octobre 1478[3], il est de nouveau envoyé par Louis XI, avec une flotte considérable, dans la Méditerranée.

La guerre pour la succession du duc de Bourgogne se poursuivait dans l'hiver de 1478-9 avec une grande vigueur; de nombreux corsaires armés à Harfleur[4] faisaient la course de

1. Cependant, à peine Zorzi était-il de retour de son ambassade, que Pietro Malipiero informait la Signoria qu'un autre corsaire français appelé Saint Germain, était dans le canal d'Angleterre, avec une escadre de vingt-cinq navires armés à Honfleur pour courir sus aux galères vénitiennes. *Ibidem*, n° 530.

2. Lettre de Antonio d'Appiano, 18 août 1478, *infra*, n° XXII.

3. Lettre adressée à l'évêque de Côme et à Nicodème de Pontremoli, Milan, 1er octobre 1478, *infra*, n° XXIII, p. 99.

4. Lettres de marque contre les Flamands accordées par Louis XI aux bourgeois d'Harfleur, 25 février (1478?), publiées par Fréville, *Mémoire sur le commerce maritime de Rouen*, Paris, 1857, in-8°, vol. II, p. 398. Nous lisons, en outre, dans l'*Histoire de la ville et du canton de Honfleur*, par A. Catherine, archiviste de la ville

conserve avec Coullon contre les sujets de Marie de Bourgogne et de Maximilien son époux. Des écrivains modernes rapportent que Coullon aurait, en cette année, capturé par *trois fois* [1], et amené dans les ports de Normandie, des convois qui portaient dans les îles de la Hollande et de la Zélande des denrées alimentaires dont la perte faillit affamer le pays. En l'absence d'autres autorités pour ces trois captures, nous ne pouvons citer sous cette date que le fameux combat naval relaté par la *Chronique scandaleuse* en ces termes :

« Audict temps fut prins sur mer par Coulon et aultres escumeurs de mer en Normandie pour le Roy, iusques à quatre vingts navires de Flandres, qui estoient alez querir des seigles en

de Honfleur, Honfleur, 1864, in-8°, p. 193, le passage suivant :
« La ville de Pont-Audemer se hâta d'envoyer des députés à Thomas de Casanova, avec un présent pour son secrétaire, afin d'avoir aucun soulagement de la charge qui pourra leur être baillée touchant l'avitaillement des navires ordonnés par le roy estre mis sûr et envoyés pour faire la guerre sur mer. » L'original, dont une copie fut communiquée à M. Catherine par M. A. Canel, ne porte pas le nom de « Thomas de Casanova ». On y lit seulement : « M. le Visadmiral. »

1. *Ibidem*, p. 195 ; Fréville, *loc. cit.*, vol. I, p. 283 ; Guérin, *Histoire maritime de la France*, Paris, 1843, in-12, vol. I, p. 214.

Pruce pour auitailler le pays, et tout le harenc de la pesche d'icelle année, où il fut fait la plus grant desconfiture qui passé à cent ans fut faite sur mer, à la grande confusion et destruction desdits Flamens [1]. »

Peut-être Coulon arma-t-il à Honfleur l'année suivante une nouvelle expédition contre les mêmes ennemis [2] ; cependant nous le retrouvons à terre en mai 1480 [3]. Il y est encore en janvier 1481 [4] et 1482 [5]. Il vit dans ses propriétés de Normandie, s'occupant de ses intérêts privés [6], tranquille, fatigué peut-être. Il meurt bientôt après. A la date

1. Édition de 1558, p. 154. Il est aussi question de ce combat dans la chronique de Thomas Basin, vol. III, p. 59, mais le nom du commandant n'est pas donné.

2. Labutte, *Essai historique sur Honfleur*. Honfleur, 1840, in-8°, p. 23.

3. Quittance donnée à Julien du Gué, vicomte du Pont-de-l'Arche, le 22 mai 1480. Dossier *Casenove*.

4. Reçu donné à Jehan Lassavoine, receveur ordinaire de la vicomté de Rouen, 25 janvier 1481, publié par Jal, *Dictionnaire critique*, art. *Coullon*.

5. Quittance donnée à Pierre Rogier, lieutenant général de Julien du Gué, 31 janvier 1482. Dossier *Casenove*.

6. Il établit par lettres du 8 octobre 1480, Michel le Sec son lieutenant général en la maîtrise des eaux et forêts, après la mort de Jean le Sec, son beau-père, croyons-nous. Anselme, *Histoire généalogique*, vol. VII, p. 856.

du 10 septembre 1483, Guillemette le Sec, signe une procuration en qualité de veuve « du dit vis-admiral défunt[1]. »

Ces faits et ces dates s'enchaînent parfaitement ; tous les documents connus, quelle que soit leur provenance, soutiennent l'analyse et la comparaison sans donner prise au moindre anachronisme ou à une seule contradiction. Et cependant, le fait incontestable, comme nous le prouverons bientôt, que deux hardis marins nommés Colombo, dont un certainement était étranger d'origine et de nationalité, couraient la mer vers cette époque, nous oblige à démontrer que les documents milanais et vénitiens se rapportent bien à Casenove-Coullon et non à un Colombo ligurien.

A défaut d'indications positives, des rapprochements de textes peuvent nous donner la clef de cette énigme.

Les trois mentions de la *Chronique scandaleuse* se rapportent, croyons-nous, à un seul et même individu ; et comme dans l'une d'elles il

---

1. Procuration donnée par-devant Guillaume le Blanc, lieutenant général de Michel Daniel, vicomte d'Escouys ; *infra*, n° XXV.

est dit que la demeure de Gaillartbois lui appartenait, on ne peut douter que le chroniqueur
anonyme ait bien eu en vue Guillaume de Casenove, qui possédait cette propriété du chef de sa
femme, Guillemette le Sec [1].

Le seul combat naval dont il soit question
dans la *Chronique,* est celui de 1479, et il y est dit
que Coullon commandait en chef. Or, à notre
avis, la lettre datée du 15 novembre 1478 [2], où il
est parlé des « Génois fait prisonniers par
Colombo et d'autres pris des Flamands », se rapporte à ce combat. Il y aurait alors identité entre
le Colombo du document milanais et le Coulon de
la *Chronique.*

La mission envoyée en 1474 par le roi de
Sicile à Louis XI et la réponse de ce dernier
semblent au premier abord devoir résoudre la
question, mais en les examinant avec attention
on voit qu'il n'en est pas tout à fait ainsi. Ces
documents indiquent à plusieurs reprises que le
commandant de l'escadre française était en réa-

1. Fille de Jean le Sec, seigneur de Gaillartbois et de Char-
leval; près de Rouen.

2. Lettre de Giovanni Andrea Cagnola et Carlo Visconti au
duc de Milan, Tours, 15 novembre 1478, *infra,* n° XXIV.

lité un sujet du roi de France « a Colombo qui quibusdam navibus preest, Majestatis vestræ subdito », dit Ferdinand. « Nostrum subditum », répond Louis.

Louis XI s'était détaché de Gênes et de Savone dès l'année 1463, mais en abandonnant ces villes au duc de Milan, il s'en était réservé la suzeraineté. Cette suprématie fut hautement reconnue à cette époque[1] même, par Galeas Sforza, et les Génois semblent l'avoir au moins tacitement acceptée, puisqu'ils l'invoquèrent vingt-cinq ans plus tard. Les droits, voire les prétentions de Louis XI, l'autorisaient très-probablement à qualifier les Génois de sujets; et si le Colombo du combat de Vivero était en réalité ligurien, ce monarque a pu, tout comme s'il se fût agi de Casenove-Coullon, se servir de l'expression « nostrum subjectum ».

C'est donc plutôt de l'ensemble des deux dépêches et des faits se rapportant incontestablement à Guillaume de Casenove, qu'il faut tirer la conclusion que le commandant de l'escadre

1. *Cf.* Acte de foy et hommage rendu au Roy pour les seigneuries de Gennes et Savone par Galeas Sforza, 9 août 1476. Ms. fonds Dupuis, vol. 159, *anno* 1476.

française était ce vice-amiral et non un condottiere.

Louis XI ayant appris la défaite et la fuite
d'Alfonse de Portugal (mars 1476), qui avait sol-
licité la permission de venir en France, fit armer
une flotte française pour l'aller quérir à Lisbonne. Ruy de Pina, chroniqueur contemporain,
désigne le commandant de cette escadre en ces
termes : « Cullam famoso cossairo Frances. »
De son côté, Zurita, qui a puisé dans les archives
d'Aragon avant même que par l'ordre de Philippe II d'importants documents fussent distraits
de ce dépôt célèbre pour former celui de
Simancas (1563), le nomme : « Colon, capitan
de la armada del Rey de Francia. »

Les documents milanais des 23 et 28 mai 1476
identifient leur Colombo avec le chef de l'armement de seize navires en vue d'une expédition
dans les mers d'Espagne : Columbo armava
sideci navi per venire in li mari di Spagna [1] » ;
lorsque nous voyons, en outre, dans une autre
dépêche, que c'était « per fare la guerra ali ini-

---

1. Lettres de G. Visconti des 23 et 28 mai 1476, *infra*,
n[os] X et XI.

mici dil Re », ce qui est bien prouvé par le combat de Brest et l'attaque de Ribadeo, il est difficile de ne pas voir une corrélation entre ce Colon et ce Colombo. D'ailleurs, Louis XI a dû vouloir rendre cette mission aussi honorable que possible, car bien qu'il fût décidé à refuser au roi fugitif tout secours, il voulait néanmoins l'abuser par un grand apparat d'honneurs. Aussi le trajet du roi de Portugal, de Collioure à Tours, fut-il une suite d'hommages. On lui apportait la clef des villes par où il passait[1], les prisonniers étaient mis en liberté, etc. Il est donc inadmissible que ce soit un corsaire plutôt qu'un vice-amiral de France que l'on ait chargé d'escorter le roi de Portugal.

Nous devons cependant appeler l'attention du lecteur sur un passage d'une des dépêches milanaises qui nous obligerait, s'il était pris à la lettre, à reporter sur un autre Colombo une série de faits que nous avons attribués à Guillaume de Casenove.

1. « Y atrauesso por todà Francia con muy poca estimacion... aunque se le hizo mucha fiesta. » Zurita, *Anales*, vol. IV, f. 262, verso. Prescott, *History of Ferdinand and Isabella*, Philadelphia, 1870, in-8°, vol. I, p. 167.

Sous la date du 11 février 1477 [1], Gregorio Lemolino écrit à Giovanni Simonetta, le frère de Cecco, que le 12 décembre 1476, Colombo se trouvait à Lisbonne avec ses navires, et qu'on est d'accord pour le dire Savonais : « In esto luogo era Colombo cum le soe nave, e dacordio e dicto Saonese. »

Dans la collection de lettres que nous appelons milanaises, plusieurs sont datées de Gênes et ont été écrites par les représentants de Sforza dans cette ville, qui était alors une dépendance du duché de Milan. La lettre que nous citons est l'une d'elles, mais ce n'est pas la seule de cette provenance où il soit question de Colombo. Il y en a trois autres, écrites par ce même Lemolino, d'une teneur tellement identique et à des époques si rapprochées, qu'il faut admettre que toutes les mentions qui y sont faites de Colombo se rapportent au même individu.

Or, c'est par Lemolino que nous savons que Colombo est retourné avec son escadre le 27 octobre 1476 à Lisbonne, d'où il était parti, « dove prima se era partito [2] ».

1. *Infra*, n°
2. Lettre de Lemolino, 23 décembre 1476, *infra*, n° XIX.

Il n'y a traces que d'un corsaire sous pavillon fleurdelysé qui ait quitté Lisbonne à cette époque pour venir dans la Méditerranée, c'est Casenove-Coullon, appelé par les Italiens Colombo.

Les dépêches envoyées par les ambassadeurs milanais de Tours, de Bruges et de Venise, montrent que la régente du duché avait un grand intérêt à être tenue au courant des faits et gestes de Colombo, et les expressions dont ils se servent à l'égard de ce dernier prouvent qu'il s'agissait d'un marin relevant directement du roi de France. Les expressions de Ruy de Pina : « Cullam, famoso cossairo Frances » ; la phrase dont se sert Leonardo Botta : « Columbo, corsaro francese [1] », indiquent même un corsaire de nationalité française.

A Gênes, les agents chargés d'informer Bonne de Savoie des projets du redouté marin étaient Guido Visconti, vicaire-ducal, croyons-nous, et Gregorio Lemolino, apparemment son collègue ou son secrétaire. Ils semblent s'en

1. Lettre de Leonardo Botta, Venise, 21 décembre 1476, *infra*, n° XVIII, p. 95.

être acquittés avec zèle. Ainsi, c'est Visconti qui, sous la date du 23 mai 1476, informe le gouvernement milanais que Colombo arme dans le nord seize navires, pour venir dans les mers d'Espagne faire la guerre aux ennemis du roi de France, et qu'il doit débarquer à Marseille. La date, la localité, le but principal de l'expédition, le point d'atterrissement, montrent évidemment que c'est l'armement ordonné par Louis XI, pour guerroyer sur les côtes de Guipuzcoa et aller quérir Alfonse V à Lisbonne. D'un autre côté, il est incontestable que le commandant de l'escadre était Casenove-Coullon. Rejeter cette identification, c'est admettre qu'en 1476 il y avait deux marins du nom de Colombo commandant les flottes du roi de France, et que ces deux Colombo avaient chacun une escadre précisément de seize voiles, armées l'une et l'autre dans le Nord; qu'ils se trouvaient ensemble à Lisbonne, dans le même but, et qu'ils avaient ordre de venir tous les deux à Marseille, comme le disent, d'un côté, Visconti [1] et, de l'autre,

---

1. « Columbo arma nave XVI. » Lettre de Guido Visconti, Gênes, 23 mai 1476, *infra*, n° X, p. 87.

Ruy de Pina[1], qui certes n'a pu avoir connaissance des dépêches milanaises.

Cette supposition n'est pas admissible.

Mais alors, d'où vient l'opinion que le Colombo qui se trouvait à Lisbonne avec sa flotte en 1476 était de Savone ?

Ce n'est qu'un simple on-dit, transmis du Portugal par des marins génois. Sachant que sur toute la côte ligurienne il y avait des familles ainsi nommées, ils auront, par amour-propre national ou sans y regarder de près, annexé aux Colombo de Savone[2], l'audacieux corsaire,

1. « E com esta detriminaçam se partiram, e ajuntaram todos a Lixboa, onde XVI navios pera embarcaçam d'El Rey foram logo preestes, dos quaaes se aparelhou huma hurca pera sua pessoa... e com vento de viagem arribon em Lagos, onde Cullam famoso cossairo Frances certefycado jà das amizades e lianças destes Reinos com França, andando poderoso no mar, veo ally fazer reverenza a El Rey, que o recebeo com grande honrra e muy graciosamente e aallém do assinado servyço que o dito Cullam lhe tynha jà feito. » Ruy de Pina, dans *Colleccao de livros ineditos de Historia Portugueza*. Lisboa, 1790, in-4°, vol. I, p. 567 ; voyez aussi D. N. de Leao, *Cronicas*, p. 224.

2. Pollero (F. A.), *Epicherema, cioé breve discorso per difesa di sua persona e carrattere*, Torino, 1696, in-4°, p. 47 ; de Monti (Ag.-Mar.), *Compendio histor. di Savona*, Roma, 1697, in-8°, p. 142 ; Giovanni Battista Belloro, dans la *Correspondance astronomique du baron de Zach*, Gênes, 1826, vol. XIV, cahier 6.

qu'ils ne connaissaient dans leur langue que sous le nom de Colombo.

En réalité, c'était Guillaume de Casenove, dit Coullon, vice-amiral de France, Gascon de naissance, et le plus grand homme de mer de son temps.

II.

DANS un certain passage des *Historie* [1] attribuées à Fernand Colomb, il est dit que Christophe Colomb navigua sous les ordres d'un marin de son nom et de sa famille, célèbre par ses exploits, et qui captura, en une fois, quatre grandes galères vénitiennes. Puis, empruntant des détails à Sabellicus, l'auteur donne une description détaillée de ce combat naval, à la suite duquel Colomb se serait précipité dans les flots, et s'emparant d'une épave aurait nagé

---

1. *Historie del S. D. Fernando Colombo; Nelle qnali s'ha particolare, et vera relatione della vita, et de'fatti dell'Ammiraglio D. Christoforo Colombo, suo padre,* in Venetia, Francesco de Franceschi Sanese, MDLXXI; in-8°, cap. v, f. 10.

jusqu'à la côte. De ce romantique événement daterait son établissement et son mariage en Portugal.

Rien de moins vrai que ce récit ; rien de plus douteux que cette parenté.

Le combat en question est celui qui fut livré par le travers du cap Saint-Vincent le 20, le 21 ou le 22 août 1485. Ailleurs [1], nous avons abondamment prouvé qu'à cette époque Christophe Colomb, après s'être marié à Lisbonne et avoir vécu à Porto-Santo, une des îles de l'Afrique portugaise, pendant sept ou huit ans, était en Espagne depuis plus d'une année, cherchant à faire agréer ses projets de découvertes transatlantiques par Ferdinand et Isabelle, tout en tenant une boutique de libraire en Andalousie [2].

Mais ceux qui nous ont précédé dans ces recherches, ajoutant foi aux *Historie,* se préoccupaient beaucoup d'en compléter les récits.

1. *Fernand Colomb, sa vie, ses œuvres ; essai critique.* Paris, 1872, in-8°, chap. XIII, p. 96.
2. « Ovo un hombre de tierra de Genova, mercader de libros de estampas, que trataba en esta tierra de Andalucia, que llamaban Christoval Colon. » Bernaldez, *Historia de los Reyes Catolicos,* Sevilla, 1869, in-8°, cap. CXVIII, p. 357.

Aussi, lorsque Bossi, en 1818, signala [1] une lettre adressée en 1476 au duc de Milan, dans laquelle il est parlé d'un combat entre un navire génois et une escadre vénitienne devant l'île de Chypre et d'une rencontre avec un marin du nom de Colombo, les biographes y virent-ils une confirmation de la généalogie fantaisiste donnée par les *Historie*. Et dernièrement encore notre savant contradicteur, M. d'Avezac, se servait de cette citation de Bossi pour essayer d'expliquer [2] le récit mensonger du petit livre vénitien.

Spotorno [3], Washington Irving [4], M. d'Avezac, se sont trompés. Ces écrivains ont tiré des renseignements que leur avait fournis Bossi une conclusion absolument erronée.

Grâce aux obligeantes recherches de M. le

1. *Vita di Christoforo Colombo scritta e corredata di nuove osservazioni di note storico-critiche e di un' appendice di documenti rari o inediti dal cavaliere Luigi Bossi*, Milano, 1818, in-8°, nota 7, pp. 79, 80.

2 . *Le livre de Fernand Colomb, revue critique des allégations proposées contre son authenticité*, Paris, 1873, in-8°, pp. 31, 32.

3. *Della origine e della patria di Cristoforo Colombo*, Genova, 1819, in-8°, lib. II, p. 92. *Codice Diplomatico Colombo-Americano*, Genova, 1823, in-4°, p. XIII.

4. *The Life and voyages of Christopher Columbus*, New-York, 1869, in-12, vol. III, p. 388.

marquis G. d'Adda, nous avons pu nous procurer le texte complet de la lettre en question. Voici une traduction littérale des passages qui ont trait au combat dont les deux gentilshommes milanais transmirent la nouvelle, et au Colombo dont on a voulu faire un parent de Christophe Colomb, voire même le découvreur du nouveau-monde [1] :

« . . . Nous arrivâmes le 16 août (1476) aux salines de Chypre, et nous rencontrâmes en ce lieu le capitaine de la flotte de la *Signoria* qui, arrivé avec vingt-deux galères, louvoyait devant cette île, craignant le fils du roi Ferdinand [2],

1. « Verso il 1475, Cristoforo comandava un' armata di navi e galee genovesi, con la quale passato dinanzi alla squadra veneta posta a guardia dell' isola di Cipro... » Spotorno, *Codice Diplomatico*, p. XIII.

2. Les Chypriotes, qui repoussaient le joug de Catherine Cornaro, fille adoptive de la république de Venise et veuve de Jacques de Lusignan, avaient offert à Ferdinand, roi de Naples, un mariage entre Alphonse, fils naturel de ce dernier, et Charlotte, fille bâtarde de Jacques, s'engageant à les reconnaître pour héritiers de la couronne de Chypre. Le fils de Fernand, dont les Vénitiens soupçonnaient la présence, motivée par les embarras que créait la mort récente (1475) du jeune prince dont Catherine était accouchée en 1472, était ce même Alphonse qui avait donné tant de preuves de valeur et de cruauté contre les Vénitiens en 1459. Ces craintes étaient fondées, puisque nous lisons dans

qu'on disait y être arrivé comme allié (?) du Soudan, et pour y prendre l'investiture du royaume de Chypre.

« Ayant quitté les salines, nous reçûmes des avis de Chypre [1] le 18 août, nous apprenant que le capitaine était parti à la recherche d'un navire d'assez fort tonnage (?) appelé la *Nave Pala-vissina* [2], que l'on disait montée par des Turcs. A Candie, nous fûmes informés par des lettres du capitaine Piero Raimondo [3] qu'il

les annales de Malipiero, sous la date de 1476-77 : « A' 8 de Lugio, el Re Ferrando de Napoli ha spazzà Alfonso so fio natural con do nave grosse e 500 soldai in Levante per occupar el Regno de Cipro. » *Archivo Storico-Italiano*, vol. VII, part. II, p. 605.

1. Probablement de Nicosie.

2. Ce navire paraît avoir été nommé d'après la branche des Pallavicini établie à Gênes dès le commencement du XVᵉ siècle, et dont un membre de la famille, qui devint cardinal, Antonio Pallavicini, était alors évêque de Vintimille.

3. Domenico Malipiero dit que le commandant de l'escadre vénitienne était Antonio Loredan, fait amiral des galères (Proveditor dell' armada) en 1474 pour sa belle défense de Scutari (et ambassadeur en France en 1483, 1494 et 1498). Nous croyons qu'il est dans le vrai et que Arcimboldo et Trivulzio se sont trompés. Piero Raimondo ne fut fait amiral des galères qu'en 1478, et comme en 1476 il commandait à Candie, il a pu transmettre la dépêche de Loredan ou en donner le contenu dans une lettre que nos deux Milanais auront confondue avec la missive originale.

s'était battu contre ce navire avec ses galères et
trois vaisseaux vénitiens, tous armés pour cette
entreprise de Chypre, et . . . l'ayant rencontré,
lui avait livré deux combats. Le premier dura
six heures, le second huit. Il y eut de tués, tant
Turcs que Génois, cent vingt hommes, et du
côté de la flotte trente morts et deux cents
blessés. Il écrit dans sa lettre qu'il a pleinement
justifié sa conduite en déclarant au patron dudit
navire qu'à cause de la très-grande amitié et
de l'alliance qui existaient entre l'illustrissime
Signoria et l'illustrissime seigneur Duc, il n'avait
pas l'intention de lui prendre quoi que ce fût lui
appartenant en propre, exigeant seulement qu'on
lui remît ses ennemis, c'est-à-dire les Turcs
qui étaient à son bord, ainsi que les effets et les
marchandises leur appartenant, étant disposé,
d'ailleurs, à le rembourser de l'affrétement. A
quoi il [le patron du navire génois] répondit ne
pas vouloir accéder à cette demande, qu'en cette
seule année il avait par trois fois rencontré des
galères, qu'on ne lui avait demandé que son nom,
et qu'ayant aussi rencontré Colombo avec des
vaisseaux et des galères il [ce dernier] avait bien
voulu le laisser passer. N'ayant pu en tirer autre

chose que le cri de « vive Saint-Georges », il [le commandant vénitien] l'avait alors attaqué. . . .

De la terre d'Otrante[1] le 2 octobre 1476.

> ANTOINE GUIDE ARCIMBOLDO.
> JEAN-JACQUES TRIVULZIO.

A Notre Excellent Seigneur le duc de Milan[2]. »

Ce récit est confirmé par celui que donne Domenico Malipiero[3], qui a cependant puisé ses renseignements à une source différente; et c'est probablement pour cette raison que nous y trouvons des détails qui complètent et corrigent la lettre des Milanais.

Ainsi Malipiero, qui vivait alors à Venise, dit qu'on y reçut la nouvelle de ce combat en juin 1476, que le commandant victorieux était

1. « Ma terra d' *Otro* vale *terra d'Oltremare,* e con tel nome indicavano i nostri maggiori gli scali del Levante. » Spotorno, *Origine,* p. 92.

D'après Bossi, qui cite une dépêche de Leonardo Botta, ambassadeur du duc de Milan, la lettre des Milanais n'aurait pas été écrite d'Otrante, mais bien dal Zaffo, et expédiée de Venise, où ils furent jetés par une tempête.

2. Pour le texte complet de cette lettre, voyez *infra,* n° XV.

3. *Infra,* n° XII, p. 88.

Antonio Loredan, que la *Palavicina* était du
port de 2,000 tonneaux, qu'elle avait à bord cinq
cents passagers turcs, presque tous marchands,
et que le navire capturé, par suite des avaries reçues dans le combat, sombra en vue de
Candie.

Ce qui ressort de ces deux récits, les seuls
connus, c'est que si le navire était génois, le
capitaine, loin d'être un homme célèbre, était un
marin obscur, l'allié, le complice des infidèles,
bien plutôt que leur ennemi [1]. Nulle part il n'est
dit qu'il s'appelait Colombo, encore moins Christophe Colomb; on ignore même absolument son
nom. Il n'est pas non plus permis de faire la moindre confusion, puisqu'il appert du propre aveu de
ce patron génois, que Colombo et lui étaient deux
personnes tout à fait distinctes.

Il est aussi évident qu'il n'y a aucune
connexité entre le marin qui subit le combat
devant Chypre et le Colombo mentionné dans la
lettre des Milanais. Le capitaine de la *Palavicina*
dit seulement avoir rencontré, nous ne savons

---

1. « Molto nominato per mare, per cagione dell' armata, che'
ei conduceua contra gl' infedeli. » *Historie*, f. 10, recto.

quand, Colombo avec une escadre, mais c'est
tout. La lettre signalée par Bossi ne se rapporte
donc ni de près ni de loin à un combat dans
lequel aurait figuré un Colomb quelconque et,
surtout, un Colomb parent de celui qui découvrit
l'Amérique.

Nous ne savons où Coullon se trouvait dans
l'année qui précéda le combat devant Chypre.
Il n'était pas homme à rester longtemps à terre,
et on peut présumer qu'il faisait la course dans
des mers où le patron génois a pu le rencon-
trer. En tout cas, la probabilité de sa venue dans
la Méditerranée était signalée à Gênes dès
le 23 mai 1476, et le patron de la *Palavicina*
en parle comme d'un Colombo connu de tout le
monde. Et si l'on se rappelle que Coullon est le
seul marin de ce nom dont l'existence soit con-
statée avec quelque notoriété à cette époque,
on ne peut voir dans le Colombo rencontré par
le capitaine génois que Guillaume de Casenove.

III.

ÈS 1317, Venise envoyait dans le nord de l'Europe des galères de commerce, appelées « Flamandes », par suite de rapports maritimes et commerciaux dont l'origine remontait aux traités conclus entre la République et Baudouin, comte de Flandre, en 1202. Ces navires, quoique appartenant à des particuliers, relevaient directement de l'État qui en élisait les commandants, en choisissait les équipages (d'ordinaire parmi les Esclavons), et en cédait le privilége au plus offrant et dernier enchérisseur. Dans leur trajet, les galères touchaient à Otrante, aux ports d'Espagne et à Lisbonne, achetant souvent dans ces relâches des marchandises qu'on ajoutait aux produits du Levant, dont Venise était depuis longtemps le principal entrepôt[1].

Ces galères étaient l'objet d'une sollicitude toute particulière de la *Signoria*. Aussi les voyons-nous souvent mentionnées dans les dépêches envoyées aux consuls et aux ambassadeurs vénitiens. Plusieurs notes diplomatiques ont trait à des déprédations commises ou préparées contre elles par des corsaires naviguant sous le pavillon de France, et dont les plus dangereux dans la seconde moitié du xve siècle s'appelaient de leur nom propre ou de leur surnom Colombo.

Nous venons de retracer les exploits d'un marin ainsi nommé. Mais il y en a un second, qui vint plus tard et qu'on ne doit pas confondre avec son homonyme. C'est le *Colombo Junior*, qui fut le héros d'un événement considérable dont on trouve le récit dans presque tous les historiens vénitiens.

Quatre galères flamandes commandées par Barthélemi Minio, après avoir fait escale à Cadix, rencontrèrent dans la nuit du 21 août 1485, par le travers du cap Saint-Vincent, une escadre de

1. Rawdon Brown, *Calendar*, Introduction, p. LXI, *seq.*

sept vaisseaux, naviguant sous le pavillon de
Charles VIII, roi de France. Après un combat
acharné de vingt heures, dans lequel du côté
des Vénitiens trois cents hommes de l'équipage,
deux capitaines et un certain nombre de gentilshommes furent tués, le commandant de la
flottille française s'empara des galères et les con-
duisit comme prises dans le port de Lisbonne. Les
cargaisons furent transportées à bord des navires
montés par les capteurs, et l'on jeta sur le rivage,
à Cascaes, les vaincus, nobles et vilains, après leur
avoir enlevé jusqu'aux vêtements qu'ils portaient.

Tels sont en abrégé les récits de deux chroniqueurs contemporains, Marin Sanuto[1] et Domenico Malipiero[2]; récits dont nous trouvons la
confirmation dans les dépêches échangées entre
le Doge (Marco Barbarigo) et Hieronimo Zorzi,
l'ambassadeur de la République, envoyé expres-

---

1. *Vitæ ducum Venetorum, ab origine urbis,* vol. II, p. 254, Ms.
dans le *Calendar,* n° 499. L'ouvrage, sous le même titre, publié
par Muratori, *Ital. Script.,* vol. XX, semble n'être qu'un abrégé
de celui que cite fréquemment M. Rawdon Brown.

2. *Annali Veneti dall' anno 1457 al 1500,* dans l'*Archivo Storico
Italiano,* Florence, Vieusseux, 1843, in-8°, vol. VII, part. II,
p. 622.

sément en France[1] afin d'obtenir des ministres d'Anne de Beaujeu la restitution des galères et de leurs cargaisons.

Cet événement est aussi relaté par Garcia de Resende[2], Zurita[3] et Marco-Antonio Sabellico[4], à qui l'auteur des *Historie*[5] emprunte les données de son récit de fantaisie.

Qui commandait la flottille victorieuse ?

Les documents officiels désignent invariablement deux capitaines agissant de concert. On les qualifie même d'amiraux du roi, ses sujets et ses vassaux : « . . . in galeas nostras perpetratum a prefectis classis sue Christianissime Celsit[nis] subditisque et vassalis illius[6]. » Ces mêmes dépêches les nomment en toutes lettres. « Le fils de Colombo et Giovanni Greco », est-il dit à la

---

1. *Calendar,* n° 498, *sequitur.*

2. *Livro das Obras. Chronica... del Rey dom Ioáo II.* Evora, 1554, in-fol., cap. LVIII.

3. *Anales de la Corona de Aragon.* Caragoça, 1610-1671, in-fol., vol. IV, lib. XX, cap. LXIIII, fol. 338.

4. *Rerum Venetiarum ab urbe condita,* Decad. III, lib. IV, dans *Opera omnia,* Basilæ, 1560, in-fol., vol. II, col. 1536.

5. Cap. V, f. 10, *sequitur.*

6. *Calendar,* n°s 505, 507 et 511, et *infra,* n° XXIX, p. 107.

date du 18 septembre 1485[1]. Le 2 décembre,
c'est aussi « le fils de Colombo », seulement son
acolyte ne s'appelle plus Giovanni, mais bien
Georges, de son prénom[2], lequel est répété deux
fois dans une dépêche sous la même date, adressée à l'ambassadeur vénitien[3]. Enfin, il y est dit,
en termes positifs, que Colombo et Giorgio Greco
se partagèrent les galères à leur convenance et
en transportèrent les cargaisons sur les six
navires qu'ils montaient et quatre autres bâti-
ments qu'ils avaient amenés avec eux[4].

Mais si nous en croyons Marin Sanuto, il n'y
avait qu'un seul capitaine, lequel se serait appelé
« Nicolo Griego dit Colombo junior ».

Les documents vénitiens ont un caractère
officiel; le partage, les circonstances qu'ils rela-
tent, la construction grammaticale des phrases
que nous avons citées, ne laissent pas de prise à
un *lapsus*.

1. « ... filius Columbi et Joannes grecus. » *Ibidem*, n° 498,
infra, n° XXVIII, p. 104.

2. « ... dal fiol de Colombo et Zorzi Griego. » *Ibid.* n° 504.

3. « ... a filio Columbi, et Georgio greco, » *infra*, n° XXIX, p. 107.

4. « Verum enim vero videntis ex postremis litteris nostris
quid de galeis nostris predictis secutum fuerit, quas prefati
Columbus et Georgius grecus pro libito distribuere. » *Ibidem*.

Bien que Sanuto ait certainement consulté des documents originaux, puisqu'il est le premier historiographe qui ait été autorisé par le conseil des Dix à compulser toutes les archives de la *Secreta* (1535)[1], nous ne pouvons, à l'encontre de pièces aussi authentiques que les minutes des délibérations du sénat, admettre la lecture de Sanuto : « Colombo Zovene zoe Nic° Griego, cap.° di 7. nave » et « Nic.° Griego ditto Colombo Zovene[2] ». Il aura pris l'abréviation de *et* pour celle de *id est*.

Notre théorie est que la flottille française était sous le commandement supérieur d'un capitaine appelé ou surnommé Colombo, qui avait pour auxiliaire un nommé Giorgio Griego; et si l'on ne retrouve dans Malipiero, Sabellicus et Zurita que le nom seul de Colombo, c'est parce que ce dernier commandait en chef et portait un nom déjà bien connu par des exploits de même nature.

Qui était ce Colombo?

---

1. *Calendar*, Introduction, p. 19. M. Armand Baschet (*Les Archives de Venise*, p. 32, note) fixe la date au 26 septembre 1531.
2. *Calendar*, n°s 499, 510.

Le Colombo de 1485 était, paraît-il, fils ou parent d'un autre Colombo, aussi corsaire. « Colombo, fio de Colombo », disent les documents officiels. « Colombo corsaro, el Zovene, fio de Colombo corsara », rapporte Malipiero[1]. « Un corsario frances, hijo del capitan Colon », lisons-nous dans Zurita. Sabellicus seul le qualifie de neveu : « Columbi junior Columbi piratæ illustris, ut aiunt, nepos[2]. »

Écrite à la hâte et sans critique, terminée à Vérone et, conséquemment, loin des archives vénitiennes, l'histoire de Sabellicus est sujette à caution. Et cependant nous pensons que sur ce point, s'il est vrai que le Colombo de 1485 fut parent d'un Colombo déjà fameux, cet historien est le plus rapproché de la vérité.

Nous allons tenter, sinon de résoudre cette énigme, au moins d'exposer les faits qui l'éclaircissent et les objections qu'elle soulève.

Il y a eu trois, voire même quatre, Casenove dits Coullon[3].

1. *Annali*, p. 622.
2. La version italienne (par Dolce?), Venise, 1554, in-4°, rend ainsi ce passage : « Colombo il più Giovane, nipote di quel Colombo famoso corsale. »
3. 1° Guillaume de Casenove; 2° Jean de Casenove, seigneur

Guillaume, cadet de Gascogne, vice-amiral de France, dont nous avons décrit la vie dans la première partie de ce travail, avait épousé, « de

de Gaillartbois, fils de Guillaume, marié à la veuve de Paul de Busserade; 3° Jean de Casenove, chevalier, seigneur de Noyon-sur-Andelle et de la Bonde, qui fut, comme Guillaume et Jean déjà nommé (si ce n'est le même que ce dernier) maître enquêteur des forêts de Normandie, et dont nous avons vu deux quittances datées de 1516; et enfin, Jean, plus âgé que ses deux homonymes, puisqu'il fut homme d'armes en 1479. Tous ces Casenove avaient le surnom de Coullon, épelé parfois par erreur Coullois ou Couloiz.

C'est en vain que nous avons consulté tous les armoriaux des provinces de France, tant imprimés que manuscrits, pour trouver d'autres renseignements sur les Casenove issus de Guillaume. *Le nobiliaire de Guyenne et de Gascogne* de M. Bourrousse de Laffore (Paris, 1860, in-8°. vol. III), qui est le plus complet pour ces provinces, ne fait que reproduire les renseignements donnés par le P. Anselme ou ses continuateurs.

Dans la première édition de l'*Histoire généalogique* du P. Anselme (Paris, 1674, in-4°, 2 vol.), il n'est fait mention des Casenove à aucun titre. Ce n'est que dans la seconde édition (Paris, 1712, in-fol., vol. I, p. 941) que ce nom figure pour la première fois; mais le P. Anselme était mort depuis 1694 sans achever son travail, et la généalogie des Casenove est sans doute l'œuvre de son ami Honoré Caille du Fourny, tandis que les renseignements supplémentaires qu'on trouve dans la 3ᵉ édition sont dus à Raffard et Lucas.

Nous avons puisé nos données au cabinet des titres, dans le dossier *Casenove*, lequel est surtout composé de pièces originales provenant du fonds Gaignières et d'un résumé fait par Barthélemi Remi, l'habile valet de chambre de ce célèbre amateur.

la volonté du roi Louis XI[1] », Guillemette le Sec.

Il en eut un seul fils.

Ce fils, appelé Jean, était encore mineur en 1483, puisque dans une procuration donnée par sa mère le 10 septembre de cette année, il est dit « conseillé par Cosme le Sec et Symon le Sec, ses proches parents [2] ». Il n'est donc guère probable que ce Jean fût assez âgé en 1485 pour commander une escadre. D'ailleurs, dans les actes parvenus à notre connaissance, il est qualifié de seigneur de Gaillartbois et de maître enquesteur des eaux et forêts de Normandie et Picardie au vic de Gisors, mais nullement de vice-amiral, titre qu'on n'aurait eu garde d'omettre s'il l'avait possédé.

Les continuateurs de l'*Histoire généalogique* du P. Anselme indiquent un autre Casenove qu'ils désignent en ces termes : « Jean de Casenove, dit Coulon, vice-amiral de la mer, homme d'armes en 1479 [3]. »

---

1. Anselme, vol. VII, p. 854, D.

2. *Infra*, n° XXV, p. 100.

3. Ce Jean de Casenove ne figure que dans la troisième édition de l'*Histoire généalogique*, p. 864, C.

Celui-ci ne saurait être Jean fils de Guillaume, car s'il était homme d'armes en 1479, sa naissance remonte au moins à l'année 1458, c'est-à-dire trois ans avant que Louis XI devenu roi eût pu, « de sa volonté », faire épouser Guillemette le Sec à Guillaume de Casenove. Il n'aurait pas eu non plus besoin d'être assisté par ses proches parents pour signer une procuration en 1483. Cet homonyme ne peut donc être le fils de ce dernier. Ce serait plutôt un neveu.

En l'absence d'indications précises, peut-être pourrait-on trouver, dans un bref résumé des circonstances, quelques points de repère permettant au critique de s'assurer si le Colombo du cap Saint-Vincent était un vice-amiral de France ou un simple condottiere.

A la première nouvelle de la capture des galères flamandes, le sénat de Venise ordonne à Melchior Trevisiano [1], vice-capitaine général de la République, de s'emparer d'une galéasse du roi de France, qui se trouve à Alexandrie. Ces représailles indiquent déjà que la première agression est attribuée, non à un corsaire agissant

---

1. *Calendar*, n° 502.

de son initiative privée, mais à un officier de la marine du roi.

Le 5 novembre, Hieronimo Zorzi annonce [1] que le roi de France a promis de faire ample réparation à la *Signoria* et qu'une restitution totale au moins des marchandises capturées est imminente.

C'est ici que se place un fait très-grave, mentionné d'une manière succincte dans les documents vénitiens, mais que nous sommes à même de remettre en lumière, grâce à une série de pièces judiciaires que nous venons de découvrir dans les archives nationales de France.

Les assurances données par Charles VIII à Hieronimo Zorzi étaient, croyons-nous, de bonne foi, car il s'empressa de remettre aux agents que l'ambassadeur envoyait en Normandie, Traversini et Rossetti, des lettres pour faciliter leur tâche.

Il s'agissait, nous dit-on, « de poursuyvre la delivrance de dites gallaces et biens, » mais nous pensons qu'en réalité la mission de ces envoyés consistait à retrouver les denrées capturées, car

1. *Culendar*, n° 505. La date du 5 décembre est un *lapsus*.

le premier soin des corsaires avait été de mettre
leur butin en sûreté, avec l'intention de l'expé-
dier en Angleterre ou dans les Flandres. Telle
était du moins la crainte de la *Signoria*. Déjà,
lors de la capture, les corsaires, après se les être
partagées, avaient tenté de disposer des cargaisons
en Portugal ; mais João II avait immédiatement
publié un édit[1] défendant à ses sujets, sous les
peines les plus sévères, de faire l'achat d'aucune
marchandise ou denrée provenant de ces galères.

Aussitôt que le bruit se répandit à Honfleur
que des messagers de l'ambassadeur vénitien
venaient d'arriver, une sorte d'émeute éclata
parmi les matelots et les recéleurs. Rossetti
assailli dans la rue Haute, y fut lâchement assas-
siné. Malgré le danger, Zorzi envoya de nouveau
Traversini avec une nouvelle lettre du roi. Le
courageux envoyé, insulté par la populace, ne
dut son salut qu'en se barricadant dans
l'hôtellerie où il était descendu.

Averti de ces faits par Nicolas du Gal, capitaine
du port d'Honfleur, le roi lui ordonna, ainsi qu'au
bailli de Caen, par un mandement royal en date

---

1. Garcia de Resende, *loc. cit.*

du 18 décembre 1485, de faire saisir partout et
les galères et les marchandises, d'instituer une
enquête à l'effet de découvrir les auteurs de ce
meurtre, et « de tous ceulx que par la dite
information on trouveret charges ou vehemente-
ment suspeçonnes du dit omicide pren[dre] en au
corps des plus coulpables jusqu'au nombre de
quatre royaulment et deffait quelque part que
trouvez et les amenes prisonniers a leurs despens
soulz bonne et seure garde [1]. »

En même temps, le roi envoya à Honfleur
deux chevaliers [2], pour assurer l'exécution de
ses ordres. Giovanni Pietro Stella, le secrétaire
de l'ambassadeur, les accompagnait.

Les coupables furent découverts et arrêtés,
mais relâchés après quatorze jours. C'étaient,
semble-t-il, « Giorgio Griego et les siens [3]. »

Cette mission, confiée à de nobles personnages, indique la volonté de la part du roi de

1. Voyez *infra*, n° XXXII, l'ordre d'enquête donné à Melun le
18 décembre 1485, et le résumé des trois pièces qui l'accom-
pagnent.

2. *Calendar*, n° 508.

3. « Suam dicimus quoniam nil nobis est cum Georgio Greco
et reliquis. » *Infra*, n° XXXIV, p. 123.

surmonter des difficultés qu'un puissant fonctionnaire aurait seul osé opposer. Cependant, étant
données les mœurs de l'époque, on est fondé à
croire que la part du butin qui revenait de droit
à un amiral[1] devait rendre la restitution presque
aussi difficile. S'il ne s'était agi que de faire
rendre gorge à des corsaires, un simple ordre
expédié au lieutenant civil de la table de marbre
de Rouen, à laquelle ressortissait l'amirauté
d'Honfleur, voire même le mandement adressé
à du Gal, eût vraisemblablement suffi.

Il y a d'ailleurs dans plusieurs dépêches des
phrases qui se prêtent facilement à cette inter-
prétation.

Dans celle du 20 avril 1486, le Doge enjoint
à Zorzi de faire les plus grands efforts pour
arracher tout ce qu'il pourra des mains des
chefs de flotte : « extrahatur de manibus illorum

---

1. « Et quand aux prises qui se feront par nos capitaines ou
autres particuliers qui auront armé ou équippé leurs vaisseaux à
leurs dépens, nous y prendrons la cinquiesme partie seulement, et
nostre Admiral la dixiesme ainsy qu'il a accoustume de prendre. »
*Origine, fonctions et droicts attribuez à la charge de general des gal-
lères*, Ms. Fonds Saint-Germain, n° 246, P.-J. XXXVI, *apud*
L. Rosenzweig, *Office de l'Amiral de France*, Vannes, 1853, in-8°,
p. 35.

regiorum prefectorum tam in uno fluctu quam extra, ac etiam in britania et alibi [1]. »

Dans la dépêche si remarquable du 14 octobre 1486, il est d'abord question de l'amiral qui persévère dans son refus de remettre les marchandises sans une amnistie générale. Cet amiral n'est pas, à notre avis, le capteur en question, mais Louis Mallet, sieur de Graville, présidant une commission chargée de régler les différends, et dont le nom est cité dans la délibération du sénat vénitien en date du 17 juin.

Mais dans ce même document, il est question, à deux reprises, d'autres commandants royaux, et dans des termes qui ne laissent aucun doute. Le Doge écrit à Zorzi :

« Et maintenant on cherche à décliner, à refuser même, cette satisfaction de la justice et du droit qui nous est si bien due; on refuse de restituer ces marchandises qui *nous ont été volées par des amiraux et sous le pavillon de Sa Majesté,* à laquelle nous sommes unis par une ancienne alliance. » « Et nunc declinari tergiversari queritur et tentatur tam conveniens tam debita et

1. *Infra,* nᵒ XXXVI, p. 123.

omnis iuris et honestatis plena satisfactio et restitutio bonorum et mercantiarum a prefectis
regijs cum insignibus regie M.ᵗⁱˢ summe benivolentie et sincerissimi fœderis vinculo nobis annexe
occupatorum[1]. »

A quel titre ces « préfets royaux » — titre
bien ambitieux pour être donné à de simples corsaires — étaient-ils en possession des denrées
prises sur les galères vénitiennes?

Les premières dépêches permettaient, à la
rigueur, de supposer que ces fonctionnaires s'op-
posaient à une restitution parce qu'ils y étaient
intéressés en vertu des droits inhérents à leurs
fonctions, mais cette note diplomatique ne laisse
aucun doute : ils étaient tout à la fois détenteurs
et capteurs; et le titre qu'on leur donne ne
saurait s'appliquer à de simples condottieri.

Le roi avait donné ordre que toutes les marchandises capturées fussent immédiatement restituées à l'ambassadeur vénitien; mais, comme la
plus grande partie se trouvait cachée dans les
environs d'Honfleur et en Bretagne, on ne put
lui rendre que 200 balles d'épices, 150 pipes de

---

1. *Calendar,* n° 515, et *infra,* n° XXXVII, p. 124.

malvoisie, 30 sacs de coton et 40 tonneaux de raisins de Corinthe. Cependant, en transmettant la nouvelle de cette restitution[1], Zorzi informait son gouvernement que le roi était disposé à indemniser la République et à lui donner satisfaction.

C'est sur ces entrefaites qu'un des capteurs sollicite du roi la permission de se rendre à la cour pour négocier un compromis, ou pour se justifier[2].

1. *Calendar,* n° 510. Ces denrées semblent être les seules qui furent restituées, et nous ne voyons pas non plus que l'indemnité promise ait jamais été payée. Il paraîtrait même que la Signoria éprouva un refus dont le motif est assez singulier pour devoir être rapporté : « El Re ha fatto 'l salvo-conduto al Corsaro; el qual e' comparso, e ha ditto delle so rason, fondate sù l'interditto e scomunega del Papa. » Malipiero, *Annali,* p. 622.

On se souvient que les Vénitiens furent excommuniés par Sixte IV pour avoir refusé de se joindre à lui lorsqu'il fit la paix avec Naples et l'Empereur à la suite de l'avortement du coup de main contre Ferrare en 1482.

Les denrées mentionnées dans le n° 517 paraissent être celles que nous citons plus haut, et qui auraient fini par arriver à Hampton en Angleterre, comme le portaient les instructions du gouvernement de Venise.

2. « L' Corsaro ha domandà salvo conduto al Re per tre settemane, per giustificar le so rason; e'l Re ghe ha resposo che al vuol che'l paga; a che 'l no è per farghe salvo conduto, se l'ambassador della Signoria ne consente : e che esso ha detto al Re, che la Signoria no ha da negociar con altri che con la Sue Maestà, e che

Le roi ayant remis à l'ambassadeur vénitien une lettre énonçant un désaveu de sa conduite, il n'ose faire cette démarche sans avoir d'abord obtenu un sauf-conduit. Charles VIII le renvoie à Zorzi, et laisse ce dernier libre de lui accorder l'assurance de sa protection. Zorzi refuse, préférant conclure lui-même et avec le roi cette délicate affaire, qui ne fut d'ailleurs jamais complétement réglée.

Le capteur se présente alors devant Charles VIII qui, ayant entendu ses raisons et son excuse, le déclare coupable d'avoir indûment capturé les galères, et fixe le dommage à 200,000 ducats, qu'il le condamne à rembourser.

Quel était ce solliciteur, Colombo ou Giorgio Griego?

Sanuto et Malipiero disent que c'était Colombo. Les documents vénitiens ne parlent à cette occasion que de « Giorgius Grecus », et c'est la seule pièce émanant de la chancellerie vénitienne où ce nom ne se trouve pas accolé à

quanto al salvo conduto, el fazza quel che ghe par. » Malipiero, *Annali*, p. 622.

celui de Columbo. L'absence de ce dernier nom s'explique si l'on admet que c'était celui d'un vice-amiral, car il aurait été peu séant pour un fonctionnaire de ce rang d'aller s'excuser auprès d'un ambassadeur étranger, tandis que de la part d'un condottiere, jouant un rôle secondaire, cette démarche paraît assez naturelle.

Le capteur fut donc ouvertement désavoué. Mais il n'en faudrait pas conclure qu'un simple corsaire seul aurait été ainsi blâmé. Nous voyons, par exemple, que l'agresseur dans l'affaire de Vivero, fut tout aussi ouvertement désapprouvé par Louis XI, et la restitution des galères napolitaines suivit de près les réclamations formulées par le roi de Sicile. Et l'on ne saurait maintenant douter que le capteur en 1474 ne fût véritablement un vice-amiral de France.

Les Vénitiens, dans des dépêches qui, à la vérité, ne devaient passer que sous les yeux des sénateurs, qualifient ce Colombo de corsaire, et même de pirate. Mais, emportés par des appréhensions et une colère bien naturelles, les agents de la république ne se servent pas d'autres expressions lorsqu'ils parlent du Colombo de 1469 et 1470. Cependant nous savons pertinem-

ment qu'il s'agissait alors de Guillaume de Casenove, que les documents milanais de la même
daté nomment « homo de guerra del S. Re di
Franza per mare ».

En 1485, la marine française, quoique à peine
créée, avait déjà son autonomie, et n'en était
plus réduite, comme au temps de Philippe de
Valois, à chercher et des flottes et des amiraux à
Gênes, à Nice, à Lucques, à Pise. Étant donné
une grande guerre, la France pouvait encore
prendre, au titre d'auxiliaire, un Ayton Doria ou
un Regnier de Grimaldi qui aurait navigué comme
le firent plus tard Andrea et Philippe Doria, sous
le pavillon fleurdelysé. Faut-il aussi admettre
qu'à la fin du xveˢ siècle, elle prêtait l'autorité de
son drapeau à des corsaires, véritables pirates,
qui, depuis Charles VI, étaient fort méprisés en
France[1]? D'ailleurs, ne l'oublions pas, bien que
la paix entre les États fût rarement pour leurs
sujets respectifs une garantie de navigation
sûre, c'est à partir de Louis XI[2] que l'autorité

1. Isambert, *Recueil des anciennes lois françaises*, vol. VI, p. 846;
vol. IX, p. 114.

2. Chéruel, *Dictionnaire historique des institutions, mœurs et cou-
tumes de la France*, art. *Amirauté*.

centrale, surveillant l'administration maritime, défendit les prises en mer.

Mais alors, à quoi devons-nous attribuer cette sanglante agression contre une nation envers laquelle la France était liée par un récent traité[1]?

Nous en sommes réduits à des conjectures.

Les galères capturées étaient surtout destinées à l'Angleterre, où elles faisaient escale à l'aller et au retour, après avoir pris des chargements dans les ports de Flandre. Richard III, pour détourner les passions soulevées contre lui, préparait, en ce même été de 1485, une guerre continentale dirigée ouvertement contre la France. Venise était l'alliée intime de Richard[2]; les marins français ne l'ignoraient pas, et ils attendaient avec impatience le résultat de l'expédition de Henri Tudor, armée à Harfleur sous les auspices d'Anne de Beaujeu. Peut-être n'en fallut-il pas davantage pour porter le commandant de l'escadre française à attaquer les galères vénitiennes,

1. Le traité avec Venise est de 1477, mais il ne fut ratifié que l'année suivante. *Cf. supra,* p. 21, note 2.
2. *Calendar,* nᵒˢ 493, 496.

qui, doublant le cap Saint-Vincent, se rendaient directement en Angleterre. Cela est d'autant plus probable que la bataille de Bosworth ne fut livrée que le 22 août, le lendemain même du jour où Colombo avait attaqué Barthélemi Minio.

Si plus tard les capteurs furent désavoués, c'est que le triomphe de Tudor, devenu roi sous le nom de Henri VII, rétablissait la paix (au moins jusqu'au mariage de Charles avec Anne de Bretagne) entre la France, l'Angleterre et les alliés de cette puissance. D'un autre côté, l'invasion de l'Artois par les mercenaires de Maximilien (avril 1486) ne pouvait qu'engager Anne de Beaujeu à écarter toute cause de guerre avec d'autres ennemis.

Malipiero donne une autre raison. D'après cet annaliste, Colombo fut désavoué parce que Charles VIII était un homme juste et qu'il avait déjà le dessein d'envahir le royaume de Naples[1]. Notons cependant que Charles n'était alors âgé que de quinze ans ; il est douteux que ce monar-

---

1. « E se ha mostra facil e a satisfar la Signoria, perchè l'è homo giusto ; e perchè, 'l dessegna de far l'impresa de Regno de Napoli. » *Annali*, p. 622.

que « peu entendu » ait eu des velléités de con-
quête aussi précoces.

Selon tous les écrivains contemporains, Colombo était fils ou parent d'un autre Colombo,
illustré par ses exploits sur mer. C'est en vain
que nous avons compulsé avec un soin extrême
les annales et les chroniques de France, d'Espagne et d'Italie au xve siècle[1] pour trouver des
marins du nom de Colombo. Avant 1485, il n'y
en a qu'un seul : c'est Guillaume de Casenove[2].

Le souvenir des exploits de Casenove, mort.

---

1. Comines, *Mémoires,* liv. VIII, 20.

2. Les ouvrages qui traitent de l'office d'amiral, tels que les
traités de Le Féron, la Popelinière, du Tillet, Fauchet, Favin,
Mathas, Chevillard, Daniel, quoique donnant un grand nombre
de noms, ne mentionnent pas non plus les Coullon.

Dans l'arbre généalogique qui accompagne le *Memorial del
Pleyto,* plus tard reproduit par Napione (*Della patria di Cristoforo
Colombo,* Firenze, 1808, in-8°), on voit un « Cristoforo Colombo
detto Colombo il Giovane, Ammiraglio per il Re di Francia
nel 1476 ». Dans l'édition de Rome 1853, in-8°, cette mention est
reproduite, mais appuyée de la seule autorité de Zurita. On y
remarque aussi un Francesco Colombo « Ammiraglio di Francia
en 1341 ». Il est presque inutile d'ajouter que ces généalogies
fabriquées à la fin du xvie siècle, lorsque Baldassare Colombo de
Cuccaro se porta en 1583 héritier du majorat après la mort de
Diego Colomb, quatrième amiral des Indes, ne sont que de gros-
slères impostures.

seulement en 1483, ne pouvait pas encore être effacé de la mémoire des Vénitiens qui avaient eu tant à souffrir de son audace. Antonio Loredan, ambassadeur en France de mai à décembre 1483, connaissait notre héros au moins de nom, puisqu'il fut, en qualité de provéditeur de la flotte vénitienne, le capteur de la carraque génoise devant Chypre, l'an 1476. Nous sommes persuadé que ses dépêches devaient contenir d'amples détails sur la mort du hardi marin. Malheureusement ses lettres et sa relation disparurent lors de l'incendie de 1574.

On savait probablement à Venise que Coullon avait laissé un fils, et comme les continuateurs d'Anselme nous affirment l'existence d'un autre Coullon, qui aurait été vice-amiral de la mer, et qui aurait pu commander une escadre en 1485, il est facile d'admettre que les historiens ont confondu ce dernier avec son homonyme, Jean, fils de Guillaume.

Le Colombo qui combattit au cap Saint-Vincent serait donc Jean de Casenove, dit Coullon?

Nous n'osons l'affirmer.

Nos données ne sont qu'approximatives.

L'existence de ce dernier personnage ne repose que sur une notice brève et isolée donnée par des généalogistes du siècle dernier et qui ne citent pas leurs autorités.

D'un autre côté, le nom de Giorgio Griego, évidemment levantin, ne saurait guère aller de pair avec celui d'un vice-amiral de France, comme l'exigerait notre affirmation.

Dans l'état actuel de la question, trois hypothèses nous semblent permises, mais à des degrés bien divers.

La première, que le Colombo de 1485 était Français, neveu ou parent du Colombo de 1461-1483, et qu'il se nommait Jean de Casenove, dit Coullon. Ce serait celui que l'*Histoire généalogique* du père Anselme qualifie d'homme d'armes en 1479 et de vice-amiral de France.

La seconde, que *Colombo junior* n'était qu'un nom de guerre, un surnom, donné à Giorgio Griego, corsaire levantin écumant les mers sous le pavillon français, et dont l'audace rappelait les exploits de Guillaume de Casenove, vice-amiral de Normandie, connu en Italie sous le nom de Colombo.

La troisième enfin, que Colombo était le

nom véritable d'un condottiere au service de Charles VIII, roi de France.

Il y a eu encore un Colombo, tout à fait inconnu des chroniqueurs et des historiens, et dont l'existence ne nous est révélée que par des dépêches récemment découvertes à Milan. Celui-ci, loin d'être Français, était certainement Ligurien. C'est le forban dont il nous reste à relater les pirateries et la fin tragique.

IV.

IEN que dès l'année 1475, l'invasion des Turcs Ottomans eût privé Gênes de tous ses comptoirs dans le Levant, son commerce maritime n'en était pas moins actif, et les petits ports du littoral offraient encore aux trafiquants de l'Europe occidentale des marchés et de bonnes escales. Les navires richement chargés qui sillonnaient alors la Méditerranée étaient un objet de convoitise pour les corsaires génois que ne contentait pas la course permanente à laquelle ils se livraient contre les Catalans [1]. Souvent ces hardis marins

1. Capmany, *Memorias historicas sobre la Marina, Comercio y Artes de la antigua ciudad de Barcelona,* Madrid, 1779-92, in-4°, vol. I, p. 78.

ne cherchaient qu'un prétexte pour commettre des actes de véritable piraterie, encouragés évidemment par quelques-uns des grands seigneurs de la rivière de Gênes. Ainsi, certains Doria d'Oneille traitaient avec indulgence ces écumeurs de mer, s'ils n'étaient leurs complices et leurs associés.

Vers la fin de l'été de 1492, une cargaison de drogues et d'épices, appartenant à l'un des fournisseurs de Charles VIII, fut capturée sur les côtes de la Ligurie, par un nommé Colombo, corsaire de Saint-Rémo ou d'Oneille. « Colombo, corsaro de S. Remo », est-il dit dans une lettre ducale datée du 7 octobre 1492 [1] ; « Colombo de Unelia », et « Colombo corsaro de Onelia », lisons-nous dans deux dépêches du 23 décembre 1492 et des calendes d'avril de 1493 [2].

Colombo apporta son butin à Oneille, et l'homme qui fut son recéleur n'était rien moins que Francesco, fils de Domenico Doria, le chef

---

1. Lettre ducale, Vigevano, 7 octobre 1492.

2. Lettre d'Alberto dal Carreto, Gênes, 23 décembre 1492, *infra*, n° XXXIX, p. 128, et lettre ducale, Vigevano, calendes d'avril 1493, *infra*, n° XLI, p. 130.

de la branche aînée des Doria d'Oneille, oncle et tuteur du célèbre Andrea Doria [1].

Charles VIII adressa des réclamations au duc de Milan. Ludovic le Maure, qui tenait Gênes depuis 1490, au nom de Jean-Galéas Sforza, comme un fief mouvant de la couronne de France, se montra disposé à accéder aux justes demandes de son seigneur suzerain. Des difficultés, dont nous ignorons la cause et les détails, l'empêchèrent de faire droit sur l'heure aux demandes du roi. Une correspondance qui serait pour nous d'un grand intérêt, mais qui malheureusement n'a pu être retrouvée, finit par aplanir les difficultés; et, au mois de novembre, ordre fut donné au protonotaire Stangha [2] de faire restituer les drogues et les épices qui avaient été capturées au marchand français.

Les Doria, intéressés dans l'affaire, firent des difficultés; mais il fallut bien se soumettre. On saisit les revenus de messer Dominico, et le

1. « Perciò che Francescheto figliuolo del prefato messer Dominico era quello che daseva recqeto (recepto?) a quello Columbo corsaro; e che haveria potuto, se'l havesse voluto, far restituire le robbe al dicto speciale. » Lettre de Stangha, Gênes, 29 décembre 1492, *infra*, n° XI., p. 129.

2. Lettre ducale du 7 octobre 1492, *infra*, n° XXXVIII.

fournisseur du roi de France fut indemnisé. Mais auparavant, sur les instances du vicaire ducal, ordre fut donné de poursuivre, sans trêve ni merci[1], les francs corsaires qui couraient sus aux navires marchands. Ludovic le Maure venait de conclure cette fameuse convention avec Charles VIII pour l'entrée des troupes françaises en Italie, et on voulait rassurer les trafiquants marseillais et niçois, dont les caboteurs étaient indispensables pour approvisionner les Suisses du duc d'Orléans attendus à Gênes.

Vers la mi-décembre 1492, on captura deux de ces corsaires, l'un, nommé Bernardo, de Sestri di Levante, l'autre, Colombo, d'Oneille, celui-là même qui avait fait main-basse sur les denrées de l'épicier-droguiste de Charles VIII.

Pour servir d'épouvantail aux autres, « per intimorire il resto[2] », Bernardo et Colombo furent

1. « Le continue querelle se fanno rispecto al coloro vanno in corsso senza dare idonee fidejussione de non offendere amici, hanno talmente alterato lo Gubernatore, che per esso non mancha de perseguirli per tutte quelle rivere. » Lettre du 23 décembre 1492, *infra,* nº XXXIX, p. 128.

2. « Per il che ne li dì passati se ne tolsero duj : l'uno chiamato Colombo de Unelia ; l'altro Bernardo da Sestri di ponente. Quali doppo le debite solemnitate de ragione per intimorire il resto, se sono facti impichare a la torre dil Molo. » *Ibidem.*

immédiatement pendus haut et court à la tour du môle de Gênes, du 15 au 20 décembre 1492.

Dans l'état actuel de la question, ce forban est le seul marin du nom de Colombo qu'on puisse supposer parent de celui qui, presque au même moment, decouvrait le nouveau monde.

APPENDICE

D'excellents résumés des n°s II, IV, XXV à XXX et XXXIII à XXXV ont été publiés en anglais dans le *Calendar of State papers and manuscripts, relating to English affairs, existing in the archives and collections of Venice, and in other libraries of Northern Italy. Edited by Rawdon Brown. Published by the authority of the Lords Commissioners of Her Majesty's Treasury, under the direction of the Master of the Rolls.* Vol. I, *1202-1509.* London, 1864, grand in-8.

M. Rawdon Brown, dont nous avons maintes fois mis à contribution le vaste savoir et l'obligeance pendant notre séjour à Venise, a bien voulu nous communiquer le texte des dépêches vénitiennes insérées dans cet appendice. Ces pièces ont été copiées sur les minutes des *Deliberazioni Senato secreta* et sur l'original de la *Vita dei Dogi*, de Marin Sanuto, manuscrits précieux conservés à la bibliothèque de Saint-Marc, à Venise.

Quant aux dépêches milanaises (*infra*, n°s III, V, IX, X, XII à XXIII, et XXXV à XXXIX), nous les devons à l'extrême complaisance de M. le marquis Girolamo d'Adda. Séparées des archives générales de Milan, elles sont maintenant placées dans des cartons du cabinet particulier du directeur sous la rubrique spéciale : *Documenti diplomatici ; Ambasciatori Ducali. Secolo XV.*

Pour les documents provenant du registre du chancelier Pierre Doriolle et le dossier *Casenove*, voyez, *supra*, pages 3 et 4, note, et page 9, note 2.

APPENDICE

I.

Sachent tous que nous Guillaume de Cazenove dit Coulomp escuyer visadmiral de france M^e enq^teur et reform^teur des eaues et foretsz en Normandie et Picardie, confessons avoir recue de honorable home et saige Jeh. Estienne, lieutenant general de N. H. Henry Garin escuyer vicomte d'Arques 50 ^tt, terme de St Mihiel derrain pour moitié de noz gaiges de nostre dit office de Grand Maistre. — 20 janv. 1465.

1465
20 janvier.

(Bibliothèque nationale de Paris, Mss. Dossier *Casenove*.)

II.

A tous. — Jehan le Roux escuyer eschanson et son vic [omte] de Rouen, salut aujourd'huy 9e Déc. 1466, avons veues unes lettres royaulx desquelles la teneur s'ensuit.

1466
9 décembre.

Loys par la grâce de Dieu Roy de France à tous salut. Comme de pieca nous eussions confermé et donné à Guillaume

1466
9 décembre.

de Casenove dit Coulon escuyer visadmiral de france à la provision de feu nostre cousin le sire de Montauban admiral et
grand Maistre des eaues et forestz de notre Royaume,
l'office de mestre enquesteur des eaues et forestz de Normandie
et Picardie, duquel il a jouy paisiblement jusques a present et
pour ce que apres le trespas de mon dit cousin l'admiral nous
avons donné à nostre chier et amé cousin le sire de Chastillon
l'office de mestre enq^teur et general reformateur des dites eaues
et foretz avec pouvoir de disposer de tous les offices despendans
des dites eaues et forestz lesquelz avons declarez vacans. Le dit
Coulon doubtant que on luy voulsist donner empeschement en
son dit office. — Nous ayans regard aus bons services que le
dit Coulon nous a faiz — a iceluy en reconnaissance des dits
services nonobstant quelconque don et pouvoir que nous avons
donné a nostre dit cousin de Chastillon declaration de vacation.
— à iceluy donnons le dit office de Maistre des eaues et forestz
de Normandie et de Picardie dont il jouist et qu'il en joysse
comme il a fait, sans qu'il luy convienne prendre nouvelle possession ne expedition en la chambre des comptes. — Donné à
Sully sur Loire le 15e juillet 1466.

(Ibidem.)

III.

1469
20 juillet.

Cum litteris nobilis civis nostri Marci de Cà de Pexaro
consulis nostri Londoniarum, tum etiam compluribus alijs litteris mercatorum nostrorum Brugiarum et Londoniarum habetur
Columbum pyratam cum navibus et belingerijs octo, esse in

canalibus Flandrie, ibique galeas et naves nostras expectare
intentione damnificandarum earum, cui periculo penitus pros-
piciendum est, quia si naves divisim venient, maius damnum,
quam damnificationis accidere posset : quamobrem vadit pars,
quod mandetur consulibus nostris Brugiarum et Londoniarum,
ut prefectis navium nostrarum, que illis in regionibus sunt,
nostri dominij nomine jubere debeant, quod ad capitaneum
galearum nostrarum Flandrie cum eorum navibus conferre se
debeant, ad illiusque obedientiam stare, et cum eo unite
venire usque illum locum, ubi de eodem pyrata, dubitari amplius non possit, sicuti eidem capitaneo videbitur pro securitate
tam eiusmodi navium, quam galearum nostrarum, de qua nostra deliberatione detur noticia eidem capitaneo nostro, ut hec
nostra intentio locum penitus habeat pro utilitate mercatorum
et civium nostrorum ac honore nostri dominij.

Et si accideret, quod eiusmodi naves, gallearum discessum
expectarent, pro tanto tempore, quanto ad expectandum starent,
fiat varea, pro satisfactione eiusdem starie, que hoc modo solva-
tur hoc est, unum tercium per mercationes, nabula, ac corpora
ipsarum navium per ratam. Reliqua vero duo tercia solvantur
per mercationes et nabula earundem galearum,
de parte ———— de non ———— non sine. ————

(*Deliberazioni senato*, vol. IX, p. 13; *Calendar*, n° 419, p. 122.)

1469
20 juillet.

IV.

1469
8 septembre.

Illustrissime Princeps et excell^e Domine.

. . . .

Colombo, homo de guerra del Signor Re di Franza per mare, se trova in lo canale di Enghilterra, e là aspetta le gallee veneziane; ma dubito non gli poterà nuocere, perchè hano con loro IIII nave; credo a lungo andare gli darà uno bofetto *(sic).* . . . .

DAT. Bruges, die viiij Septembris 1469.

Vostro humile servitore,

Luchino della Chesia (ou Ghesia).

A TERGO : — Illmo Principi et Exmo domino et cl^{mo} Galeacio, Dei gratia duci Med. Papie Anglerieque comiti, etc.

V.

1470
17 mai.

Facit pro nostro dominio, considerato eo quod habetur per litteras oratoris nostri in Francia de apparatu, quem faciebat Columbus pyrata, causa eundi ad damna nostrorum facere de presenti omnem provisionem, pro tutella galearum nostrarum flandrie.

Quamobrem vadit pars, quod scribatur consulibus nostris
Brugiarum, et Londoniarum, ut Statim mandatum faciant prefectis navis Maripetre, et navis Squarce, quod subito eant ad
reperiendum capitaneum galearum nostrarum Flandrie, comita-
rique illum debeant, usque ad eum locum, ubi prefato capitaneo
videbitur se esse extra periculum predicti pyrate. Et si accideret, quod galee suprascripte nondum essent expedite, teneantur
ipse naves expectare expeditionem suam et illas commitari, ut
supradictum est. . . . .

Fiant littere capitaneum galearum flandrie.

Consulibus Londoniarum et Brugiarum.

(*Deliberazioni senato*, vol. IX, p. 43 ; *Calendar*, n° 427, p. 125.)

VI.

Illustrissimo Signore mio, Benchè me para verissimile che la
V. Let^ra debia havere parlato convenientemente co li Oratori
Venetiani sopra le qualità della Liga ha fatto col ducha de
Burgogna et justificatosi circha le cose de Franza, tamen no
essendo anchora giunti quà li dicti Ambassatori, dicò fidelmente
quanto se confessò quà, et sopra cio il parere mio. Quà è venuto
novella, como la V. Sub^ta ha facto advertenti li subditi et merchadanti soi trafficanti di Franza che debiano componere le
cose loro et ritirarsi quanto più dextramente possono. . . . .
che 'l Re di Franza ha facto restituire liberamente alli merchadanti et subditi del Re Fer. tute le robe che à questi di
tolse Columbo corsaro suso le galeaze del ditto Re, et no
ha voluto che ad gli altri merchadanti zenovesi et fioren-

tini che avevano similmente robe suso dicte galeaze sia res-
tituito cosa alcuna, le quali demostrationi fano judicare quà
che la V. Illma S. habia facto dicta liga de Borgogna senza
respecto alcuno de le cose de Franza, d'onde brigata ne stà
alquanto perplexa da che justificazioni V. S^{ria} habia preter-
misse le dicte cose francese per la quale cosa se la V^a Cel^{ta}
no ha de ciò parlato coli prefati oratori Venetiani crederia
fosse ben facto che quella facesse con qualche justificate
ragioni intendere quà li respecti che l'ha luntanata dalle dicte
cose de Franza, se luntanata, e finoche quelle che desyde-
rariano mettere qualche ombreza et diffidentia tra la V. Illma
Sig^{ria} et questo Illmo D^{mo} non potessono adducere questa cosa
in exemplo, Io parlo fidelmente et cola mia solita. . . . . . .
quello che io judico et sento. Nondimeno tuto rimetto al sapien-
tissimo examine et vedere della V. Sub^{ta} alla quale humilmente
me raccomando.

DAT. Venetiis, die *xv* februarij 1474.

Servus Leonardus Botta.

A TERGO. — Opt. principi et cl^{mo} d^{omo}, Gal. Marie Sfortie Dno. meo sing^{mo}.

VII.

1475
20 avril.

Mandement du Roy par Lettres scellees du grand sceau aux generaux des finances de Languedoc pour faire payer aux Florentins marchands, la somme de xxix^v, j^cxxvv — escus savoir six mille livres par chacun an jusqu'a parfait payement pour les indemniser des marchandises de pareille valeur sur eux prises en mer par les sujets du Roy.

LOYS PAR LA GRACE DE DIEU Roy de France a nos amez et feaulx cons^{rs} les généraux par nous ordonnez sur le fait et commandement de toutes noz finances tant en Languedoch comme en Languedoc salut et dilection de la partie de nos tres chers et grands amis les Prieurs Gauffanoiners de la justice et autres du Conseil et Communauté de la Cité de Florence, nous a esté remonstré que puis nagueres aucuns des habitans de la d^e ville cité de Florence auoient chargé quantité de marchandises et galeasses appellées ferrandines lesquelles depuis auoient esté prinses par aucunes gens de guerre estant sur la mer nos subjectz qui en jcelles galeasses auoient prins plusieurs biens et marchandises des dits Florentins. En nous requerant attendu que iceulx Florentins ont tousjours esté amis et bienveillans de nous et de noz predecesseurs Rois, comme encore sont desirant le bien et honneur de la couronne et maison de France, qu'il nous pleust les faire restituer lesd. biens et marchandises ou de la valeur dicelles lesquelles ils ont extimées et

1475
20 avril.

extiment a vingt neuf mille six cent vingt six escus et combien que la prinse dicelles galeaces et marchandises ait esté fait sans nostre sceau et consentement. Pourquoi de raison ne soyons aucunement tenuz d'en faire restitution mesmement qu'elles venoient de nos ennemis et d'autres à nous rebelles et desobeissans et y auoient porté et en rapportoient choses prejudiciables et dommageables à nous et à nostred. Royaume aussy que desd. marchandises aucune chose n'est venu en nos mains ne a nostre proffit. Ce neant moing pour montrer par effect la singuliere et grant amour et affection que auons a ladᵉ cité de Florence et a tout le peuple Florentin lesquieulx nous auons tous jours tenus et reputez pour nos bons vrais et speciaulx amis et bien veillans ainsy en faueur et consideration de la grant et bonne amitié que tousjours ils ont monstré auoir à nous et a nostre dit Royaulme, nous sommes liberallement condescenduz a les faire restituer de ladᵉ somme de xxvj. V. vjᶜ xxvj escus de quoy comme dit est ils ont estimés leurs d. marchandises, et pour donner ordre a leur d. restitution ayons donné leur faire payer et delivrer sur nos finances de nostre pays de Languedoc la somme de six mille livres tournoys par chacun an jusqu'a ce qu'ils soient entierement payez de lad. somme de xxix V vjᶜ xxvj. escus.

. . . .

Donné à Paris le vingtieme jour d'Avril lan de grace mil cccc Lxxv et de nostre regne le xiiijᵉ apres Pasques. Ainsy signe LOYS. Par le Roy l'Euesque d'Evreux et autres present.

LEQUOY.

(Legrand, *Histoire du roy Louis XI*, vol. XXIII, p. 101, Ms. Bibliothèque nationale, ancien fonds français, nᵒˢ 6959-6990.)

VIII.

Minute des Lettres que le Roi a escriptes au Roy Dom 1474 5
Ferrand par Mre Thomas Taquin touchant les 24 décembre.
galères prinses, expédiees le xxiiij, jour de Decembre
l'an mille cccc L. xxiiij (sic.).

Serenissimo potentissimoque principi Ferdinando Dei gratiæ
Siciliæ Regi, consanguineo nostro, Ludovicus eâdem Dei gratiâ
Francorum Rex. Salutem et sinceræ dilectionis affectum.

Serenissime, potentissimeque princeps, consanguine noster
carissime, cum casum audivimus qui nuperrimè supervenit inva-
sionis galearum vestrarum de quibusdam è subditis nostris noviter et nobis insciis factæ quantum nobis res displicuerit, quidque
pro restitutione rerum vobis et subditis vestris pertinentium
confestim fecerimus, jam credimus serenitatem vestram per
alias litteras carissimi et benedilecti nostri Thomæ Taquin con-
siliarii vestri advisatum fuisse. Una autem illius amoris et dilectionis animum quem semper ergavos habere statuimus quantum
que nobis cordi est nostrorum et vestrorum subditorum interse
pacificam utilem et securam conversationem observari facere
serenitati vestræ nota fora cupinsus, de quâ super his serenitati
vestræ nostra Thomæ Taquini perferenda commisimus. Cui
fidem indubiam rogamus adhiberi.

Datum Parisiis die xxiij Decembris.

*(Registre du chancelier Doriolle depuis 1474 jusques en 1480 auquel
sont contenues plusieurs instructions, mémoires, traités et ordonnances
de Louis XI. Ms., Bibliothèque nationale, ancien fonds français, n° 15,539¹.)*

1. L'original n'a pu être retrouvé, et n'existe pas au trésor des chartes.

IX.

1474 ⁵
29 janvier.

*Lettre de cAnello Pirocho capitaine des galeaces du Roy
Dom Ferrand qui dit que les commissaires du Roy
l'ont très bien contenté, remercie le Roy du sauf-
conduit qu'il luy a donné, promet de ne aller point
pour ce voyage en cAngleterre. Donné à Paris le
xxix jour de janvier mil cccc Lxxiij (1474⁵).*

S. R. M.

Humelamente quanto posso de li piedi de V. Mᵗᵃ me reco-
mando a laquelle de noticia como quisti signori commissarii de
V. Majᵗᵃ me anno de tutte cose ben dispachato e yo sono tre bien
contento de la gratia et liberalita de V. Mᵗᵃ a laquelle in eter-
num sero bono et loïale servitor e idio me done gratia Christi
semp. ut possa ben servir y. dño infinite merce a la Mᵗᵃ V. de
Salvo conducto se della andata de Inglaterra. Aviso V. Mᵗᵃ per-
questo viagio nostro che andero pronto et faro lo vestro piacer
et comandato et se altero ut piacera di comandar sono tento
presto ad obedien. V. Mᵗᵃ aliquale iterum humilmente ali piedi
dequella semper me recommando. Facta in Inflor adi xxiij de
jenaro m° cccc Lxxv°.

D. V. S. R. M.

Humil servitor lo
Capitano dello Doe Galeache
de la Mᵗᵃ del Sᵣⁱᵉ R.

Don Ferrando,

ANELLO PRIOTHO.

(*Ibidem*, p. 16.)

X.

Illustrissimo Signore mio.

1476
23 mai.

. . . .

Di presente non achade altre novele nisi che intendo per merchadanti che veneno da Bruges como Columbo arma nave XVI,
tra le quale gliene una di quindici milia cantara, et dice di
volere venire neli mari di Spagnia per fare guerra a li inimici
dil Re, et poteria molto bene achadere che poi veneria neli
mari di quà, havendo lui ricapito a Marsilia, sichè me parso
darne aviso à la Vestra Sublimità. . . . .

. . . .

Genovæ, die xxiij Maij 1476.

Ejusdem, Ill^{mi} Principis et Ex^{mi}, etc., etc., fidelissimus
servitor,

Guido Vicecomes [Visconti].

XI.

Illustrissimo Signore mio.

1476
28 mai.

. . . .

Questi giorni passati, per un' altra mia scripta a E. V^a che
Columbo armava sedeci navi per venire in li mari di Spagna.

È giunto nove quà per lettere de mercadanti che sono nave
vintisei, quale esto Columbo arma. . . . .

. . . .

Genovæ, die xxviij Maij 1476.

E. J. D. V. fidelissimus servitor,

Guido Vicecomes.

A TERGO. — Illmo Principi, etc., duci Mediolani.

XII.

. . . . . El mese de Zugno se ha aviso, che Antonio Loredan, Capetan General ha messo in terra su la Natolia, e ha fatto
in do volte 600 presoni, con gran botin, con morte de assai
Turchi e con perdita de 4 soli de i sui : poi è andà alla volta
de Cipro : e perchè ha protestà a' Genovesi che no accetti
Turchi su la nave, altramente i tratterà da nemici; e ha inteso
che in quei mari è una nave che si chiama la Palavicina, de
2,000 bote (con 500 turchi passaggieri, molti de' quali è mercadanti) è andà alla so volta; e perchè la no se ha vogiudo
render, l'ha combatua e presa : i marinari Genovesi ghe ha
usà purassai parole ingiuriose. Niente de manco ha lassà la
nave in libertà : prima ha fatto presoni i Turchi, e ha tolto
l'haver del patron, perchè ghe è stà fatto'l protesto sopraditto ;
e perchè 'l non ha vogiudo renderse, se ben el General ghe pro-
messe de no ghe dar molestia alcuna, eccetto che far presoni i

Turchi. Questa nave, per el danno patido in la battaglia, s'ha indebolio assai, e se ha sommerso in mar, visin all' Isola de Candia.

(Annali Veneti dall' anno 1457 al 1500, del senatore Domenico Mali-piero, ordinati e abbreviati dal senatore Francesco Longo, dans l'Archivo Storico Italiano, Florence, Vieusseux, 1843, in-8, vol. VII, Parte prima, pp. 113, 114.)

XIII.

Illmo Signor mio.

. . . .

Hieri sera gionsi quà la Scarsela de Londres qual portava lettere di mercadanti quali scriveno, como Columbo è intrato cum xvij nave in el porto di Brest in Bertania, dove ha trovato quatro nave spagnuole armate le qual ha preso, et tuti quelli homini ha possuti haver li ha menati a filo de spada et conducto via li naviglij.

A V. Ex^a me ricommando. Genovæ, die 26 Julij 1476.

E. J. D. V. fidelissimus servitor,

Guido Vicecomes.

A TERGO. — Illmo Principi et Excel^mo domino cl^mo duci Mediolani, etc.

XIV.

1476
2 octobre.

Illmo et Excelentissimo Sig. nro. Per una ultima nostra di Candia havissassomo d'il nostro essere giunto in Candia e de lo garbulio grandissimo quale nuy intendevamo essere in Levante, et como il regimento di Candia ne confortava tuti quanti a ritornar a la ora di cassa et non hera possibile tardanza nra senza grandissimo periculo de le persone nostre, et che pure deliberavamo proseguire il nostro camino, et per quella anchora havisavamo V^{stra} Excel. como havevamo trovato li dui altri di poco bono aspeto et di bonissimo parlare quale confermava quello havèvamo scritto per una data a Modone : zohé che in Cipro ad ogni modo li sarià novità et che luy specificava per la via di Re Ferando. Hora avisamo V. S. como per la gratia di Dio habiamo compito il nostro viagio, zohé de Jerusalemme non siamo exteso al viazo di Santa Catalina perche et il guardiano di quello loco con li altri fratri ne l'ano disconfortato con protestarne che di suo consilio non lian davano et che il havevano hauto in confessione cossa per la quale cognossevano che espressamente haveva a seguire novitate grandissime in quelle parte, et procederia da X^{tiani} che tristo quello X^{tiano} se li ritrovasse et che la saria novitate di altra natura che non era quella di presente. In modo che ne stato quodamodo forza el nostro restare et ad alchuni altri alamani e signori inglesi, quali volevano ancora lori venire, si che non li hè andato persona alcuna. Avisando V. E. che il gran maestro di Rodo haveva fato consiglio con tuta la sua religione et alcuni altri merchatanti quali hano cognitione et pratica delle cosse di Mori, herano anchora lori di parere che per niente la nostra andata havesse loco et che al presente era cosa da disperati. Hora che domenedio ce ha dato hajuto : et dato gratia et siamo usito de le mani lore senza troppo dispiaceri, pare ad ogni persona gran cossa che, al tempo di presente, ne siamo usiti senza altra novitate. De le nove di quà : a li xvj di Augusto giunsimo a le saline in Cipro e li trovassomo con il capitanio *(sic)* de l'armata de la S. era gionto li con xxij galee per dubio di quella Isola per suspeto d'il fiolo di re F. quale se diceva essere giunto in alcario dal soldano, et dicono andava per tore la vesta di quello reame di Cipro. Se diceva che il Soldano li haveva fato gran cera, ma che li hera venuto molto lezere et che lera stato necessario che Zenovesi l'avessono socorso de qualche miliare di ducati. Po essere et quisti dicono per darli carico. Po ancora essere che le vero ha fato questa dimostratione per colorire sìa fugito dal patre. Il capitanio a molto bene proveduto a quella isola dove se possa dismontare, et si la tene visitata con l'armata atorno. In modo li andara altro che parole et chi vora dismontare, et a chi vora quellai sola po essere se havesse il modo al dismontare se faria d'il mal assay. Partissimo da le saline e gionsomo adviso pur di Cipri ali xviij di Augusto et trovassomo ch'el capitanio sera partito da li per andare a trovare una nave Genovese de asta botte et he la nave Palavisina perche intendeva essere caricha de turchi. Si che qui in Candia havesomo per sue lettere scrite di Petro Raimondo capitanio li como haveva combatuto questa nave con quelle galee e con nave iij veneziane armate quali erano zonte per el suspeto de Cipri et l'aveva raggiunta (?) haveli dato due batalie, la prima durò ore vj, la seconda ore viij. Sono morti persone cxx fra turchi-

mani et zenovesi : sono morti de l'armata persone xxx, feriti cc.
Scrive su la sua lettera esserse molto justificato con dire al
patrone che per la grandissima amicitia e liga era fra la sua
Illma Sig^ria et lo Ell^mo Sig. ducha non se pretende de torli niente del
suo et che noghe rechedeva se non li soy inimici, zohè i turchi-
mani et la roba lori offerendoli de pagarghe il nollo suo : egli
rispose no volerlo fare et che in uno anno trovò tre volte tante
galee quale non hebeno a dirghe pegio dil nome suo et aveva
ancora trovato Colombo con nave e galee et haveva havuto a
caro a lassarlo andare : e dicevano Viva a San Giorgo e non ne
pote cavarne altro : et alora la combatete: Se havuto ancora con
duj galego et uno hospitale corsari quali ne incalzarono ancora
nuy tuto duo zorno da la matina a la sera in el golfo de Satalia
e giunto qui in Arcipelago appresso a Candia et ha preso una
barga di Genovesi co la quale eravamo venuti tri giorni in
conserva et hali tolto ducati $\frac{o}{cccc}$ d'ori e pevero per ducati mcc.
Ali lassata la barga per che diti gienovesi se dubitavano di
questo monstrarono de vendere la barga a uno catelano e fece-
no uno contrato simulato in Rode, e questo e stata la salvatione
di quella nave : da poy e stata liberata l'ano di nuovo resegui-
tata per havere hauto per spia esserli suso uno Genovese que
le de havere qualche centinara de ducati, con sabia fato no sa
altra nova. Del Turcho hano fato vosse essere roto dal Valaco
no se sta in queste parte tropo di bona volia fane provisione
como se questa nova fuse per el contrario zoè agregarse in
fortificarle più de lusato. Ho visto lettere de genovesi quale
venguno di Sinope (?) dicono in tuto essere roto e disfato il
Valaco : se sparla et se dole del Ongaro asay quale de havere

fato tregua co il Turcho per ani cinque et dicono deno essere di recordi di re : F : et che ge recresse di dinari quali li sono mandati et che dio faza di bene à la S. V^a et no ge na lassato dare alcuni de queli vostri. Siamo rivati per la dio gratia in terra d'Otr^o et se recomandiamo umelmente a V. S. Exmo.

Ex terra d'Otr^o die ij Octobris MCCCCLXXVI.

Ill^{mi} et Ex. P^r. fidelissimi servitores,

Guidus Antonius Arcimboldus,
Johanes Jacobus Trivultius, etc.

A TERGO : O. et Excellentissimo no D^{no} N^{ro} duci Mediolani, etc.

XV.

Illmo Signore mio, Novamente questa Signoria ha avuto adviso como el re de Portugallo è venuto con quatro navi et dodici caravele nel mare Tireno, videlicet nel mare Lion, ad uno loco di quà de Barzellona ducento miglia, et che li se debe abochare con la Maestà del Re de Franza; Item che Boscajni hanno fatto una grossissima armata, quale se stima sia per perseguitare Columbo corsaro, et successivè per damnificare el prelibato Re de Franza.

. . . .

Venetiis, die septima Octobris 1476.

J. D. D. V. Servus,

Leonardus Botta.

A TERGO. — Illmo Principi et Exmo D^{no} Galeaz. Marie Sfortie Duci Mediolani etc., d^{no} suo Singularissimo.

XVI.

1476
21 novembre.

Spectabilis, tanquam pater honorande,

. . . .

E, per rispondere a quanto poj è seguito circha ciò, dico che io vi parlai molto caldamente e favorelmente à la Maestà sua, quale, fino alora, oltre la bona audientia, me dede speranza di fare provedere che li presoni siano liberati et oltracciò chè in futurum per Colombo ne per Antonio seria dato impazo ne molestia a Genovesi specialmente per essere loro sudditi del prefato Signore nostro Duca di Milano. . . . .

. . . .

Ex Turone, die xxi Novembris 1476.

Vester Franciscus Pietrasanta.

XVII.

1476
18 décembre.

Magnifice et prestantissime domine, Ho ricevuto due vostre de 7 e 11, di questo, e visto quello se contiene in quelle non bisogna doi altro. Quello ci di novo dico, è arrivata in Saona una nave piccola forestera verso Cadexe *(sic)*. Parti a li 19 del pasato e per littere scriveno l'armata biscana esser dizarmata e Columbo esser in Lixbona dizarmato. — La nave Gibirta (?) aveiva incommensao a carigar, e, perche non era pienno, quelli populi murmuravano de lo carrigo di grani; possando carrigare seria presta a mezo questo meize. — Dixe uno de Nitia che sta qui aveire littere de Nitia de 12 de questo che quelli de Nitia se erano a rumore levati e che il governatore era fugito in cas-

telo perché volevano e la terra et lo castelo fosse a la obedien- 1476
tia de la Ell^{ma} Madama di Savoja. Le nostre galee sono jeri 18 décembre.
qui vegnute in lo porto ; hano visto quelle de li Catalani a porto
pisano. . . . . . . Altro non xe *(c'è)* di novo.

Ex Ganua, die xviii, die Dicembris 1476.

Ejusdem magnificentiæ vestræ filius vester,

Gregorius Lomelinus,

Cum recomendatione.

A TERGO. — Magn^{co} et prestantissimo domino D^{no} Johann
Simoneta, ducali segretario honorando.   Mediolano.

XVIII.

Il^o Signore mio, etc. 1476
21 décembre.

. . . .

Quà per la via di Zenova è venuto nova como l'armata de
Boschaymi (sic) ha preso Columbo, corsaro francese. Et perché
sono certo V^a Cels. habia de ciò la verità, non me extendirò
più ultra, se non che quà se tene dicta novella per certa. . .

Venetiis, die xxj Decembris 1476.

S. d. d. v. servus,

Leonardus Botta.

A TERGO. — Illmo Principi et Exmo Domino Galeac. Marie
Sfortie Vicecomiti, duci Mediolani, etc., et domino suo singularissimo.

XIX.

1476
22 décembre.

Magnifice et prestantis^e Domine,

. . . .

Columbo cum le sue septe nave a li xxvii di Octobre era ritornato a Lixbona dove prima se era partito. . . . . . .

. Ex Ganua, die xxij Decembris 1476.

E. M. V. filius vester,

Gregorius Lomelinus.

A tergo : . . . . . et prest^mo Domino Johanni Simoneta ducali secretario Mediolano.

XX.

1477
11 février.

Magnifice et Prestantissime Domine,

. . . .

Le nostre nave aviagiate per Ponente, cioè Spinulla *(sic)* et di Nigro (di Negro), stavano anchora ali xii di Dicembre a Lisbona et in esto luogo era Columbo cum le soe nave, e dacordiò e dicto Saonese. Dixe in le contrae di Malica *(sic)* avier trovato una nave grossa. Se estima sia la nave Doria che parti questo Dicembre per ponente. . . . .

Ex Ganua, die xj Februarij 1477.

E. M. V. filius vester,

Gregorius Lomelinus, etc.

A tergo : [Magnif]ico et prestantissimo domino Johanni.
. . . . . Simonete ducali secretario. . . . . . etc., Mediolani.

XXl.

Magnifice et prestantissime domine,

1477
12 février.

Heri scripsi a vostra Magnificentia quanto bisognava. Poscia sono state littere anchora de Sibilia de IIII del passato et per quelle se ha nova como Columbo cum nove nave armate era a lo cavo di San Vicentio per aspectare le galeatie Venetiane che erano in Cadexe, le quale erano partite da esso luogo insieme cum più di navilij quaranta per ponente, perche se crede serano aviagiate secure da esso Columbo lo quale sè partito discordio da le nostre nave Spinulla *(sic)* e di viagio voleiva fare compagnia cum loro siando amigo de lo amigo, et cossi per opposito li nostri patroni non lo habiano voluto fare, scrivono non dubitano siano più posenti cha dicto Columbo, non havendo più possanza che aveiva. . . . . . . altro non so di quelle parte.

. . . .

Ex Janua, die xij Februarij 1477.

Ejusdem D. V. filius Vester,

Gregorius Lomelinus,

Cum recomendatione.

A TERGO. — Mag^{co} et prest^{mo} domino Johanni Ducali segretario. . . . . . . Mediolani.

13

XXII.

1478
18 août.

Illⁱ et Exc^{mi} Madama et Signore mei,

... Unde questo signore dice chel non sapeva intendere nulla megliore cosa che operare cum sua Maestà havendo vostre Excellentie bona intelligentia cum quella, come crede debia essere, che la volesse fare venire Columbo capitano et corsaro de galee cum magiore sforzo darmata potesse condurse al dimorare in Provenza, cum dare voce et fama fosse mandato da prefata Maestà per favorire vostre Excellentie contra Zenovesi. Et se fariano duj beni ad un trato, etc. . . . .

. . . .

Ex Casali, 18 Augusti 1478.

Devotus Servitor,

Antonius da Appiano.

A TERGO : — Ill^{mis} Principibus et Ex^{mis} Dominis meis singularissimis Dominis Ducisse et Duci Mediolani, etc.

. . . .

XXIII.

1478
1 octobre.

Mediolani, die primo Octobris Episcopo Comensi et Nicodemo da Pontremoli.

. . . .

Ultra le altre cose certe et favori havemo per le mane, vi   1478
avisamo, come el Re de Franza ne scrive ch'el manda Columbo,   1 octobre.
suo capitano de l'armata, in quelli mari con grossa armata de
galee, nave et altri navilij, et questo è certo.   .   .   .   .

.   .   .   .

XXIV.

Illus^{mi} et Excel^{mi} domini nostri singularissimi,   1478

15 novembre.

.   .   .   .

Questi ambassatori Zenovesi. .   .   .   .   .   . dimandano di lor
Genovesi che sono presoni in mar di Columbo et alchuni altri
che furono presi da Fiamenghi. .   .   .   .

.   .   .   .

A la parte de li presoni, gli e reposto che sua M^{ta} non è
informata de questa cosa, et che se informarà. .   .   .   .   .

Turoni, die quinto decimo Novembris 1478.

Servitores : Johannes Andreas Cagnola

et Karolus Vicecomes.

A TERGO : — Ducibus Mediolani. .   .   .   .   .

XXV.

Procuration donnée par la veuve de Casenove et Jean,
son fils,

1483
o septembre.

A tous Pierre Roussel garde du scel de la vic. de Rouen
salut savoir faisons que aujourd'huy 18 aoust 1484 par J. Ve-
tier et J. Godefroy tabellions nous a esté relaté avoir veues
unes lettres dont la teneur sensuit. A tous. — Guillaume le
Blanc lieutenant general de honorable homme Michiel Danyel
escuyer vicomte d'Escouys salut. — Pardevant nous noble
damoiselle Guillemette le Sec Dame de Varelme et le Mesnil
Pavyot veufve de Guillaume de Casenove dit Coulomp escuyer
visadmiral de France et Jehan de Casenove escuyer son filz et
filz du dit visadmiral defunct conseillé par noble homme Cosme
le Sec et Symon le Sec ses proches parents, lesquels nommerent
leurs procureurs Michiel le Sec escuyer, Jehan le Danez, Nicolas Rebut — et donnèrent au dit Michiel le Sec escuyer, Jehan
le Danez et Nic. Rebut pouvoir de demander et recevoir tout
ce qui leur est due des gaiges et pensions qu'il a pleu au Roy
donner au visadmiral defunt a Honnefleu, Lisieux et es parts
d'environ. 10e septembre 1483.

(Bibliothèque nationale, dossier *Casenove*.)

XXVI.

1485. — A'20 d'Auosto, de notte, Colombo corsaro, el
zovene, fio de Colombo corsaro, capetanio de sette nave Francese armade, s'ha scontrà sora Cao San Vincenzo, ne i mari di
Spagna, in le quattro galeazze de Fiandra, capetanio Bortholamio Minio q. Marco da san Thomà; e fatto zorno, le ha
combatude. Le galeazze se ha defeso dalla prima ora del zorno
fin alle 20, et è morto 130 homeni de i nostri; tra hi quali è
stà Lorenzo Michiel patron, e Geronimo Dolfin, fradelo de
Giacomo, patron anch' esso; è 300 è stà feridi; e la galia Dol-
fina è romasa presa, e le altre se ha reso per no poder resister.
I corpi morti è stà butadi in aqua; i feridi è stà messi in terra;
i altri è sta menadi da Francesi vittoriosi a Lisbona, e là i è sta
messi in libertà. Lisbona è terra del Re de Portogalo, el qual
ha recevudo benignamente i nostri, e ghe ha fatto proveder
a tutti de quanto ghe ha fatto besogno, segondo le so condi-
cion. E la cortesia del ditto Re è cosa ordenaria de i so ante-
cessori, i quali assai anni per avanti ha vogiù che la nation
Venetiana fosse ben trattada; e questo perchè un so Re capitò,
zà gran tempo, incognito qua in la Terra, con poca compagnia;
e se ben el no voleva esser cognossudo, el fo descovertò,
perchè si gran personagi no puol star longamente incogniti;
e fu fatto saver alla Signoria, e fu alozà honoratamente a spese
publiche, ghe fu fatto quella mazor demostration che fu possibele, si in la Terra come per tutto'l tegnir della Signoria, che
ghe accadete de transitar : e questo fu fatto, sempre mos-
trando de no'l cognosser per Re. E quando el fu zonto nel so

stado, el fese far nota delle cortesie e dell' honor che ghe era sta fatto dalla Signoria, per memoria de i so successori; e fese esente la nation de ogni gabela. E'l Re moderno, tra i altri favori fatti a i nostri marcadanti presi da Francesi come ho ditto, ha comanda che nissun del suo Regno compri robe venetiane da Francesi; e avanti che la galie sia partide de porto, l'ha offerto a Bortholamio Minio capitanio, cinquantamile ducati per recuperarle. Se stima che la Terra habbia dusentomile ducati de danno, oltra la morte de tanti valent' huomeni : et è stà preso de mandar in Franza Geronimo Zorzi, Ambassador a Milan, a domandar a quel Re la restitution delle ditte galeazze, e del so cargho; et è stà mandà in suo luogho a Milan Marc' Antonio Moresini. E à 4 de Novembrio, Piero Soranzo scrive de Spagna, che queste galeazze è stà mandae in Inghiltera e che Bortholamio Minio se ha possù rescatar con trentamile ducati, e non ha vogiudo : et è stà mandà Geronimo Donado, dottor ambassador in Portogalo a ringratiar quel Re della benignità che l'ha usado a i nostri.

(*Malipiero, Annali Veneti, Arch. St. It., vol. VII, Parte II, pp. 621-22.*)

XXVII.

Adi 18 ditto vene nova como adi 20 avosto le 4 galie nostre de fiandra cap. bortº minio qᵐ ser Marco partide di Cades se incontro in Colombo zovene zoe Nicº griego capº di 7 nave armade con le insegne dil re Carlo di franza et erra di note sora cao San Vicenzo et poi il zorno fonno ale man fo morti galioti 300 e ser Lorenzo Michiel qᵐ ser Thoma patron di una galia et ser Iacomo Dolfin qᵐ ser Dolfin patron di laltra galia

con altri nobeli : Durò la bataglia da prima horra de di fino a
horre 20 : a la fin Colombo fo vitorioso e prese le dite galie et
quelle menò a Lisbona terra dil re di Porto Galo e li il cap° li
do patroni e merchadanti fonno dal ditto corsaro relassati a
pena vestiti le galie discargarono e tolto la roba in lhoro nave
lasso le galie vuode et de li se partirono : ma quel re di Porto
Galo memore che uno di soi progenitori re vene a veniezia per
andar in Hierusaleme et cussi poi uno fiol dil re, et fo molto
honorati de Venitiani : vestite il cap° Minio li do patroni e altri
nobeli et galioti che erano spogliati. Datoli danari si messeno
in camino per vegnir per terra in questa terra et cussi veneno.

Questa cativa nova la portò Antonio Todeschin scrivanello
di Ser Marco Antonio Loredan q^m Ser Zorzi erra patron di una
galia preditta : et il caso sequite adi 20 et 22 avosto il quarto
patrone era Ser. . . .

Inteso tal dolorosa e dannosa nuova fu preso im pregadi
statim mandar uno orator al re di Franza a dolersi che con le
sue insegne le nostre galie siano prese : e veder di recuperar
quello si po et acio lorator fusse presto fu preso che hironimo
Zorzi erra di pochi zorni intrato orator a Milan andasse subito
in Franza e mandatoli la commissionne et qual subito si messe
in camino e parti perhò

Fo electo orator a Milan in suo loco a far residentia deli
Marco Antonio Morexini el kavalier : resto à Milan secretario
fino la venuta dil prefato orator Gasparo di la Vedoa qual era
secretario di Zacaria Barbaro el kavalier che veniva a repatriar.

Questa perdeda dile galie di fiandra fo di danno a nostri et
a la cita per li dacij e galie perse ducati 200 milia.

(Vita dei Dogi, vol. II, p. 254; *Calendar,* n° 499.)

1485
18 septembre.

XXVIII.

Ser Hieronimo Georgio Oratori nostro :

1485
18 septembre.

Cum ad noticiam nostram pervenerit, quod sane pro rei pondere et importantia maxima nobis fuit intentis molestie et displicentie, quod cum triremes nostre oneravie viagij Flandrie sub die XXI, menses Augusti proxime exacti apud capud Sanctum Vincentium offendissent sex naves quibus preest filius Columbi et Joannes grecus, viso per nostros quod ipse naves insignia Ser^{mi} et Christianissimi regis Francorum deferebant, cum cuius M^{te} stricta et antiqua benivolentia coniuncti sumus, existimantibus nostris vidisse naves amicas a quibus in omnem eventum et indigentiam non minorem favorem et auxilium speravissent quam a proprijs nostris sic requirente vetustissima et diu culta benivolentia nostra ipse triremes que nihil tale timebant hostiliter agresse, et non sine ingenti nostrorum cede intercepte fuerunt a predictis navibus : Et quum indubitatum tenemus id prorsus successisse preter scitum et voluntatem regiam, eidem M^{ti} ultra litteras per nos eis scriptas, sicuti per inclusum exemplum videbitis destinare deliberavimus unum solemnem oratorem nostrum : Sed quum res ista super omnia requiret celeritatem in qua totum consistit, confidentes de summa prudentia circumspectione et diligentia vestra vobis optime nota deliberavimus cum consilio nostro rogatorum quod vos qui propinquior et expeditior estis ad talem rem hoc munere fungamini : Et propterea volumus et cum predicto senatu nostro vobis imperamus ut postquam fueris prima vice ad presentiam istius

Ill^mi ducis et Illu^l domini Ludovici, eisdem declaretis novum et inopinatum casum secutum ut supra : et cum indigeat imprimis maxima celeritate nos statuisse quod vos conferratis ad Seren^mum dominum regem Francorum, et quod loco vestri elegimus unum alium oratorem nostrum cui immed^te discedet ut illuc se conferrat. Sumpta igitur bona et grata venia ab prefato Illmo domino duce et Ill. d. Ludovico, immediate vos itineri committetis et conferretis cum omni celeritate et diligentia ad requirendum Serenissimum regem Francie, cuius christianissime M^ti post factas sub litteris nostris credentialibus quas his annexas vobis mittimus recomendantias et oblationes debitas et consuetas et que conveniunt vetustissimo amori et observantie nostre in illam coronam graviter et accomodate explicabitis ingentem molestiam et displicentiam et quidem merito ex multis respectibus per nos conceptamnoris futuram displicentie M^ti sue- quam nobis ipsis fuerit, ut que semper immitans dignissima vestigia christianissimi patris et maiorum suorum, in omni eius operatione apertissime demonstravit optimam mentem et dispositionem suam esse ampla correspondere nostra in vellendo vivere cum omni amore et intrinseca coniunctione animorum : sicuti etiam ultra complura alia documenta edita evidentissime nobis declaravit ob res successas nobilis vir Antonius Lauredanus eques qui postremo ab eius M^te legatus noster redijt : Illius igitur regiam Sub^te nostro nomine stricte et efficaciter rogabitis ut intutu mutui et antiquissimi amoris, qui nobiscum intercedit et in observationem capitulorum inter nos existentium et noviter confirmatorum, quorum exemplum vobis mittimus alligatum dignetur iubere, ut triremes ipse nostre cum universis omnibus rebus mercantijs et bonis que super illis erant, nostris

14

integre reddantur et restituantur, sicuti jus et justitia et mutua benivolentia nostra requirit et sicuti futuram non dubitamus mediante prudentia studio solicitudine et diligentia vestra : Et de quanto fueritis executus et in dies succedet vestris volantissimis litteris nos certiores reddetis, et responsum prestolabimini nostrum.

Illustribus etiam ducibus Aureliens Barboni, Lothoringie, Verduni et Magno Cancellario scripsimus in hoc negotio opportune quantum ex incluso exemplo similiter intuebimini. Quarum Ex[tias] sub nostris litteris credentialibus quas vobis etiam alligatas mittimus visitabitis et eorum opem operam consilium et favorem requiretis pro consequendo honesto, et justo desiderio et requisitione nostra restitutionis predicte fiende, utendo in hoc omni studio cura prudentia et ingenio vestro, sicuti in reliquis omnibus rebus nostris facere semper consuevistis, et quemadmodum ampla spe confidimus vos esse facturum et in dies vestris litteris omnem successum nobis significabitis....... »

(*Deliberazioni Senato (Secreta)*, vol. XXXII, p. 170. *Calendar*, n° 498.)

XXIX.

Ser Hieronimo Georgio equiti oratori nostro apud
Christianissimum d. regem Francorum.

Per Thibaldum cursorem accepimus litteras vestras datas ex borges die ultimo mensis octobris, quas replicatas una cum alijs vestris diei quinti mensis preteriti attulit postea rubeus del brembo : et exillarum continentia intelleximus quecumquo nobis

significastis egistisque cum Christianissima ista M^{te} pro recuperatione triremium nostrarum viagij Flandrie interceptarum a
filio Columbi et Georgio greco, a qua profecto non minus
equissima quam nostri amantissima nullum expectabatur, nec
convenientius erat responsum quam id quod sua regia Cels^{do}
fecit ad pruduntem expositionem vestram in primo congressu
factam molestissime sed eam tulisse adeo ut nil molestius ei
potuisset evenire, temerarium illum ausum in galeas nostras perpetratum a prefectis classis sue Christianissime Celsit^{nis} subditisque et vassalis illius, cui non minus quam nobis ipsis hec
incuria fuit illata, et propterea certo tenemus eam integre et
immediate restitutioni triremium nostrarum mercatorumque et
mercantiarum in eis tunc existentium opportune, et cum effectu
provisuram sicut convenit inviolato federi nostro cum Sua
M^{te} percusso et omnis justicia suadet justissimaque M^{tas} Sua
vobis asseveranter declaravit esse constantis propositi mentis et
intentionis sue : Sed priusquam aliud vobis dicamus, quum
iuxta expectationem de vobis nostram prudenter et diligenter
vos gessistis, laudamus et comendamus plurimum quecumque
per vos acta : sed imprimis missionem Traversini una cum
nuntio regio, nec non Rosseti in Normandiam : Nec minus nobis
placuit quod subiungitis vos juxtam ea que in dies intelligetis
de galeis predictis omnes possibiles provisiones pro illarum
integra recuperatione diligentissime adhibiturum : plurimum enim
ingenio et dexteritati vestre tribuimus, qui super facto et prudens estis, verum enim vero videritis ex postremis litteris nostris quid de galeis nostris predictis secutum fuerit, quas prefati
Columbus et Georgius grecus pro libito distribuere, mercesque
et bona omnia in naves suas sex, et alias quatuor ab eis con-

1485

2 décembre.

ductas transtulere, solvereque ex statione ulixbonensi, nec
nobis satis constat quonam postea cum huiusmodi classe se
contulerint : suntque qui affirmant eas angliam versus navigasse
fretos sub illius regis presidio se tutos esse atque securos : coniec-
tamur et nobis persuademus si inditionem istius Seren^{mi} regis
venerint et nobis et justicie pariter fore cumilate satisfactum,
accedentibus sedulitate, et aptitudine ingenij vestri, et hoc
idem eventurum speramus, si ad loca Seren^{mi}, regis Anglie,
seu Ill^{mi} ducis Burgondie transierit, ad quos preter litteras a
nobis scriptas, quarum vobis misimus exempla, non dubitamus
vos obtinuisse et misisse jam litteras ab ista Christianissima
M^{te} amplissimas et efficacissimas quas mirum in modum pro-
fuisse aut profuturas esse arbitramur, ut tamen in omnem incur-
rentiam commodius facere valeatis eas provisiones que vobis vide-
buntur rei conducere imposuimus per alligatas consulibus nostris
Londonijs et Brugijs, ut quicquid a vobis hac in re eis fuerit
iniunctum id accuratissime exequantur perinde ac si nobis litteras ipsas et mandatum accepissent, prout per introsertum exemplum videbitis : vestrum igitur fuerit omnem diligentiam, et
studium vestrum opponere quod ubicumque fuerint naves predicte, seu triremes nostre recuperentur, et nullam jacturam
faciamus, aut quam minorem fieri potest : Et ubi indigneritis
opera predictorum Consulum ea uti sicut expediens fueritis
arbitratus.

Munera a vobis requisita cumprimum intellexerimus totalem
aut aliqualem restitutionem triremium et rerum nostrarum ad
vos festinanter destinabimus : tunc quoque per litteras nostras
gratias agemus, copiosissimas et uberimas tam Seren^{mo} d. regi,
quam ceteris quibus scribi per nos suadetis : Interim autem vos

huiusmodi officio gratiarum agendarum utemini cum illis, quando et quomodo vobis videbitur congruum et necessarium.

1485 —
2 décembre.

De parte. 137
De non. . . . . o
Non sine. 1

(Deliberazioni Senato (Secreta), vol. **XXXII**, p. 184. *Calendar*, n° 505.)

XXX.

Consuli nostro Londonijs.

Perchè occorrer poria chel nobel homo Hieronimo Zorzi cavalier qual havemo mandado ambassador nostro al Cristia- nissimo re de franza per recuperar legatie nostre del viazo de fiandra intercepte dal fiol de Colombo et zorzi griego, come sapete, ve rechiederia de vuio per essa qualche cossa per tale recuperatione cum quel Seren^mo re de Engelterra over altra- mente volemo et expresse ve commendemo che tutto quello che dal prefato orator ve sarà scripto et uniuncto in detta materia dobiate exacte et dilligentissimamente exequir non altramente cha se da nui instessi tal lettera havessa recepute si come certa- mente tenimo vuiper la consueta obedientia vostra farete et havessa etiam facto senza le presente lettere nostre.

1485
2 décembre.

De parte. . . . . . . 137.
De non. . . . . o.
Non sine. . . . . . . 1.

Similiter Consuli nostro Brugijs cum Illmo d. duce **Burgundie.**

(Deliberazioni Senato (Secreta), vol. **XXXII**, p. 184. *Calendar*, n° 504, p. 157.)

XXXI.

Ser Hieronimo Georgio equiti Oratori nostro apud
Cristianissimum d. regem francorum.

1485
15 décembre.
Post expeditionem Tibaldi cursoris cum litteris nostris
diei II presentis mensis accepimus litteras vestras dierum XX,
et XXII mensis preteriti per Io. Petrum de Vincentia familia-
rem vestrum : et intellectis omnibus ijs que nobis diligenter
significastis, cum omni ex parte pro rerum et temporum exi-
gentia satisfeceritis expectationi nostre, Ita ut nihil amplius a
vobis desiderari potuerit : cunctaque prudenter et circumspectis-
sime egeritis et provideritis, dignum profecto vos censemus
laude et comendatione nostra : placuit nobis imprimis constans
perseverantia regia in faciendis omnibus illis provisionibus que
nos et mercatores nostros ex captura non minus iniqua quam
temeraria triremium nostrarum a prefectis Classis M^{tis} sue
indemnes reddant et patratoribus tanti facinoris debitam et nota-
bilem mulctam irrogent, qui non contenti priori commisso incon-
venienti et malum malo adderent Rossetum nuntium vestrum
vel verius regium cum litteris M^{tis} sue, crudelissime trucida-
runt, Id autem non solum magnifacimus et optamus pro sim-
plici recuperatione mercationum et rerum nostrarum. Verum
etiam ut universo orbi palam fiat huiusmodi iniuriam et offen-
sam non tam nobis observantissimis confederatis istius Cristia-
nissime M^{tis} quam eidem quoque Sub^{ti} fuisse inflictam, et ab
ea haud secus quam a nobis molestijssime fuisse susceptam.
Prespicienter, ut diximus providistis omnibus ijs que novistis

conducere indemnitati nostre, provisiorumque juxta in dies
occurrentia opportune non dubitamus adeo ut res omnes nostras
integre recuperemus : non ab re tamen fore duximus si sponte
curenti calcaria adderemus : mandamus propterea et repetito
vobis dicimus ut nil studij et diligentie vestre omittatis, quo
nullam aut quam minore fieri potest jacturam faciamus : adhi-
biteque tam remedium proclamationis et regij edicti quod ad rem
vehementer facere arbitramur, quod sed mercimonia et res
nostre nullibi in regno suo emantur vendantur ne, quinimo
sequestrentur et in manus M^{tis} sue vel eius officialium depo-
nantur, et si quid venditum aut alienatum foret restituatur,
quam ceteras omnes provisiones quas prudentia vobis vestra
sumministrabit; et quod a Ser^{mo} isto rege ad hunc effectum
optinueritis. Curate quoque ut a Ser^{mo} rege Anglie et Illmo duce
Burgundie per illos consules nostros impetretur, quos ut pre-
cedentibus litteris nostris videritis accurate vestris litteris optem-
peraturos non ambigimus : Cupientes autem ut cuncta pro voto
nostro succedant, confirmenturque et consolidentur isti domini
in optima sua erga nos dispositione et mente decrevimus per Io :
Petrum predictum ad vos mittere munera a vobis requisita,
donanda per vos prout memorastis et vobis videbitur magi
expediens : Munerum vero predictorum qualitatem et quantita-
tem ex introclusa scedula plane inspicietis.......

(*Ibidem*, p. 185. *Calendar*, n° 507.)

XXXII.

Ordonnance d'enquête.

1485
18 décembre.

Charles par la grâce de Dieu roy de France, à nos amez et feaulx conseillers, Nicolas du Gal nostre maistre d'ostel et capitaine de nostre port, et maistre Guillaume de Cerisay greffier de nostre court de parlement à Paris, salut et dilection.

Comme naguères nous advertis de frauces prises et destroussement faits es marches de Normandie d'aucunes galéaces véniciennes par aucuns de nos subgez estans sur mer, et après les remontrances et doléances à nous sur ce faites par les ambassadeurs de la seigneurie de Venise, eussions pour la conservation des dictes galéaces, marchandises et biens estans en celles et du droit de ceux qu'il appartiendra, ordonne prandres iet saisir sous nostre nom iceulx galéaces, marchandises et bien dessus dits, et avecque ce fait faire inhibition et deffence de par nous à toutes manières de gens que nul ne fust si oze ne hardy de vendre, achater, prendre et aliener ne transporter desdits biens denrees et marchandises, et combien que à nul n'apartenst enfraindre ne venir au contraire de nos ordonnances inhibitions, et deffenses dessus dites et que toutes voies de fait et port d'armez soient prohibées et deffendues en nostre royaulme. Ce néantmoins avons entendu que plusieurs, lesdites inhibitions et deffenses faites et ou comtempt d'icelles ont vendu, achaté, prins et emporté, vendent, achatent et emportent latitement et aulthement ainssy que bon leur a semblé, grant quantité et biens dessus dits, et iceulx appliquent à leur singulier prouffit.

Et qui pis est les aucuns d'eux en hayne de ce qu'ung
messager de la dicte seigneurie de Venise estoit ale esdites
marches de Normandie poursuyvre la délivrance dedites galéaces
et biens, et lequel portoit lettres de nous l'ont tué et mis à
mort en la haulte rue de nostre ville de Honnefleur, et non
contant de ce ont depuis injurie proffere et dit a ung aultre
messagier de ladite seigneurie de Venise nommé Traversin qui
pareillement estoit ale poursuyvre la délivrance desdites galéaces
et avoit semblablement lettres de nous, plusieurs paroles diffa-
mations et malsonnant de luy et d'icelle seigneurie de Venise et de
fait l'eussent outragé en personne s'il ne se fust retiré et enclos
en son logis, et font plusieurs aultres désobeissances maléfices
et choses indues en commettant par les dessus dits port d'armes
obmicide et autrement grandement delinquant ou grand mesprins
de nous et lezion de justice qui sont choses de mauvais exemples
et dignes de grand pugnition et dont pluseurs inconvenients en
pourroient avenir si provision ny estoit par nous sur ce donnée,
ainssy que plus à plein nous a esté dit et remontré. Pourquoy
nous qui ne voulont telles voies de fait rebellions et mesefices
dessusdits passer soubz dissimulation, ains justice estre à ung
chascun administree et de ceste matiere la verité estre sceue et
actaincte, et des delinquants telle pugnition en estre faicte qu'il
cède en exemple à tous autres. Confiant à plein de vos sens suffisants, loiautés preudomies et bonnes diligeances vous mandons et remettons par ces presentes que vous vous transportez
en la ville de Honnefleu et ailleurs ou besoing sera et vous
informies ou faites informer diligemment, secretement et bien
de et sur ledit omicide commis à la personne du messager de
ladite seigneurie de Venise, parolles injurieuses aussy proferées

1485
18 décembre.

1485
18 décémbre.

audit aultre messager, qui sont ceulx qui depuis nos dites inhibitions et deffenses ont achaté prins ne emporter lesdits biens
et marchandises et sur les aultres crimes et maléfices dessus
dits, leurs circonstances et déppendances quelxconques. Qui
plus à plein vous seront baillés en escript par déclaration si
mestier est. Et de tous ceulx que par ladite information ou trouveret charges ou véhementement suspeconnés dudit omicide
prenes en au corps des plus coulpables jusqu'au nombre de
quatre royaulment et deffait quelque part que trouvez et appre-
hendez les pourres hors lieu saint et les amenes prisonniers à
leurs despens soulz bonne et seure garde par devers nous, et
les gens de nostre conseil estant lez nous. Et au cas que trouver
ne apprehender ne les pourons en leurs personnes ajournes les
ensemble des autres après plus coulpables jusqu'au nombre de
quatre en parlant aux personnes de leur fames ou par seedulles
atachees aux portes de leurs domiciles d'aucunes en ont, ou sy
non a son de trompe et cry publique par tous les qarrefours
des villes et lieux ou ils ont acoustumé de fréquenter le plus
souvent a estre et comparer en leurs personnes et les autres
simplement par devant nous et lesdites gens de nostre conseil
arestans et competans jour sur paine de bannissement de nostre
royaulme et d'estre actaintz et convaincus des cas et crimes a
eulx imposés et mis sus, pour être illec et fournir a droit eulz
justifier et deffendre desdits cas et crimes respondre à nostre
procureur général à telles fins et conclusions quil vouldra contre
eulx et chascun d'eulx prendre proposer et eslire. Et apertes
[nulement?] proceder et faire au surplus come il apartendra par
raison et neantmoins pour plus grant seurt et conservation des
dicts biens prenés et metés de rechef en nostre main iceulx

biens, denrées, et marchandises quelconques desdites galees ou
quils soient, ne aient este mis et emportes, et soubz icelle les
baillez à gens suffisants et solvables qui en puissent et sachent
respondre, et rendra bon compte et reliqua quant et à qui il
apartendra. En faisant ou faisant faire de rechief inhibition et
défense de par nous sur certaines et grans peines à nous appliquer à tous en genéral à son de trompe et cry publique et par
tout où il apartendra, et sur les peines dessus dites, que nul
ne soit si oze ne hardy de vendre achater, prendre, emporter
ne alièner iceulx biens en aucune manière. Mais ce que prins
en aura este, ils rendront rapporteront et restitueront, inconti-
nent et sans delay. Et que d'aucuns scayvent desdits biens qui
soient habitez musses ne emporter, les ensegnent et les vous
viegnent exiber, monstrer, et desclarer : et à ce faire et souffrir
contraignez et faites contraindre tous ceux qu'il apartendra par
toutes voies et manières deues et en tel cas requises, non obs-
tant oppositions, et appellations clamées de haro et deleautes
quelconques de ce faire, vous donnons plain povait, auctorité,
commission et mandement espécial, en certifiant souffisament
par nous et les gens de nostre conseil de tout ce que fait aurez
sur ce. Et leur renvoyons lesdites informations féablement
closes et sceellees pour y faire comme de raison. Aux qualz
nous mandons et enjoignons faire aux parties oyes bon et bref
droit car tel est nostre plaisir.

Mandons et comandons à tous nos justiciers officiers et
subgets que avons ung chascun de vous commis et deputés en
ce faisant soit obéy. Prestant et donnent conseil, renfort, ayde
et prisons, se mestiere est et requis en soit.

Donné à Melun le dix huitième jour de décembre, l'an de

1485
18 décembre.

grâce mil quatre cents quatre vingt et cinq et de nostre règne le troisième. Ainssy signé par le roy monseigneur le duc de Lorraine, le conte de Clermont sieur de Beaujeu, vous l'évesque de Perigueux le sire de Granville, messire Estienne de Best chevalier bailly de Meaux et autres présents.   PARENT.

Collationné à l'original escriptes en parchemin scelle sur simple queue et cire jaune saynes, entieres, en scel soing et escripture par Jehan du Pont, et Henry Chouynet tabellion audit Honfleur pour le roy nostre sire le deuxième jour de janvier audit an mil quatre cent quatre vingt et cinq. Ainssy signes J. du Pont et Chouynet.

Collation faite à ladite copie escripte en papier par nous P. Le Briant et Jehan de la Lande tabellion l'an mil quatre cent quatre vingt cinq le cinquième jour de Janvier.

LE BRIANT.

DE LA LANDE.

(Archives nationales de France, K. 73, n° 35.)

Voyez aussi dans le même dossier :

1485-6
décembre.

1° Défense de par le roy à tous en général de prendre, acheter, emporter ou aliéner quoique ce soit des galéaces vénitiennes sous peine « de confiscation de corps et de biens ». Et ordre à ceux qui pourraient savoir quelque chose des biens et marchandises desdites galéaces, de le faire connaître au bailli de Caen, pour qu'il soit procédé par celui-ci à leur remise entre les mains du roi.

2° Copie de mandement royal au bailli de Caen ou à son lieutenant d'obéir et prêter concours si besoin est à Nicolas du Gal
et Guillaume de Cerisay greffier du parlement envoyés pour
apprehender au corps ceux qui ont mis à mort le messager
vénitien. Daté de Melun le 18 décembre 1485.

Collation par de La Lande et le Briant du 5 Janvier 1486.

1485-6
décembre.

3° Ordre du lieutenant général du baillage de Caen, au
vicomte de Bayeux de payer sur les dernieres de la recepte
de ladite ville a Yvon Robin la somme de cinquante cinq sols à
laquelle il a été taxé pour ses peines.

Reçu dudit Robin messager à cheval. 25 Janvier 1486.

XXXIII.

Ser Hieronimo Georgio equiti Oratori nostro
in Francia.

Post scriptas alligatas nostras per quas vobis respondemus ad
nonnullas vestras et significamus missionem munerum per vos
requisitorum per adventum traversini cursoris reddite sunt
nobis quatuor littere vestre due scilicet diei XVI mensis elapsi
et due XVII. quibus sane gratissimum nobis fuit intellexisse
quam solerter, et diligenter in omnibus operationibus vestris
vos habueritis ut nihil magis expectare, aut desiderare posse-
mus, ex quo non possumus non nisi magnopere laudare et com-
mendare prudentiam et indefessum studium vestrum : videmus
deliberationem factam per illam Christianissimam Maiestatem et
eius consilium mittendi in Normandiam ad locum onflor duos

1486
9 janvier.

suos equites ad exequendum quantum per dictam regiam Maiestatem eis impositum fuit, que quidem deliberatio nobis grata
admodum fuit, nec minus nos delectavit deliberatio vestra mittendi cum eis secretarium vestrum, qui ut prudens et fidelis
non dubitamus quod enitetur, correspondere expectationi nostre,
et providebit, quod nulla fraus, aut deceptio committi possit
in rebus et mercantijs, que restituende nostris erunt. Et ut in
casu huiusmodi restitutionis intelligatis mentem et animum nostrum, et juxta eam dirrigere possitis cogitationes et operationes
vestras, scitote habuisse ad nos nobiles et mercatores nostros,
qui habebant res suas super illis triremibus nostris et insimul
assecuratores, qui pro majori eorum securitate et pro evitandis
impensis que sequerentur in conducendis rebus illis per terram
demonstrant admodum cupere quod bona ipsa per aquam medio
navigiorum extrahantur a loco ubi sunt, et conducantur in Insulam Anglie ad locum scilicet Antone : Nos vero ut qui gratifi-
cari et complacere cupimus ipsis nobilibus et civibus nostris de
quorum interesse agitur et imperamus, quod si vobis videbitur
posse res ipsas et mercantias per aquam mittere, sine evidenti
discrimine pyratarum, qui in illis aquis reperirentur illas onerari faciatis super navigijs ad partem ad partem, vel etiam omnes in unum tractum sicut expediens vobis visum fuerit mittatis
in Insulam Anglie, cum ea majori securitate que vobis possibilis
fuerit requirendo ad hoc si opportuerit auxilium et favorem
illius Christianissime Maiestatis sicuti erit opportunum : quoniam non dubitamus reg^m Cel^m suam in hoc prestituram se esse
favorabilem et benignam quemadmodum hucusque sua justicia
et equitate se se exhibuit, cum immortali fama et gloria illius
Christianissime corone et nominis sui : Accipietis etiam si pos

1486
9 janvier.

sibile fuerit securitatem in terra et fidem a patronis navigiorum
super quibus dictas res onerari facietis, et si de toto eam habere
non poteritis saltem accipietis si poteritis pro ea maiori quantitate que haberi poterit : Quando vero via aque vobis nullatenus
videretur accipienda, quoniam nollumus ut dicte res diutius rema-
neant in loco onflor et apud illum admiratum, et reliquos huiusmodi naturum respectu plurium periculorum que intercedere
possent volumus ut res antedictas per viam fluminis conduci faciatis ad locum Rothomagi tanquam securiorem et commodiorem
mercatoribus nostris : Et imprimis advertetis et dabitis operam
in providendo quod in amotione et convehatione rerum ipsarum
vel aqua vel alia via non fiat aliqua fraus dolus sive deceptio,
sicuti vos pro vestra consueta prudentia et circunspectione pro-
visurum non dubitamus.

Preterea scitote predictos mercatores nostros missuros esse
istuc ad locum onflor nuntios suos quorum opiniones vos audire
poteritis circa missionem dictarum rerum una vel altera via et
eis auditis vos nihilominus facietis id quod securius melius et
expeditius vobis videbitur : Quoniam non dubitamus quod in
hoc vos gerretis sicut in omnibus alijs rebus hactenus vos habuistis cum singulari laude vestra, et ingenti satisfactione nostra : facta autem vobis consignatione rerum et mercantiarum
suprascriptarum : de illis fieri facietis particulare distinctum et
clarum inventarium ut omnia semper clare intelligi possint : Et
postea quam conducte fuerint quo fuerint conducende ut supe-
rius diximus illic super eis remanere facietis secretarium nostrum quem hinc vobis missuri sumus cum illis alijs qui vobis
visi fuerint ad hoc deputare cum expresso tamen mandato, quod
nihil ex eis dispensari vel tangi permittant per aliquem sit qui

velit : sed omnia integra et intacta conservantur, quousque aliud nos ordinaverimus : circumspectum autem Jo. Petrum Stellam secretarium vestrum penes vos tenebitis et cum operabimini sicuti vobis videbitur : Et si ad consignationem dictarum rerum et mercantiarum vobis videretur quod in navibus et alibi dimissa fuisset aliqua pars earum que vobis consignata non fuisset non restabitis modeste tamen semper et accomodate rogare Mai[tem] suam signetur jubere ut omnia vobis restituantur et non sit in facultate alicuius abscondere vel retinere aliquam partem earum preter voluntatem regie sublimitatis sue.......

(*Deliberazioni Senato (Secreta)*, vol. XXXII, p. 188. *Calendar*, n° 508.)

XXXIV.

Adi 9 april fo lettere di Franza di 24 marzo di hironimo Zorzi orator nostro come haveva recuperato dile galie di fiandra che fo prese specie balle 200 erano a monfilor et 150 bote di malvatie et 30 sachi di gotoni, 40 bote de uva passa item in biscaia erano specie di dita raxon per ducati 2000. e che il re a bon voler che la Sig[na] recuperi e vol satisfar contra Nic° griego ditto Colombo Zovene il qual voleva dal re salvo conduto per tre setimane per acordarsi a la satisfazion e il re ge rispose non volerlo far si esso orator non lo facesse lui el qual orator ge lo face et vene dal re e aldito le sue excusation il re sententio che lhavia mal preso ditte nostre galie con danno di nostri ducati 200 milia.......

(*Vita dei Dogi*, vol. II, p. 262; *Calendar*, n° 510.)

XXXV.

1486. — A' 9 de Avril, Geronimo Zorzi, ambassador in Franza, scrive che l'ha fatto querela con quel Re, a nome della Signoria, della presa delle galeazze de Fiandra, e ghe ha domandà refacimento ; el Re ghe ha resposo, che ghe era in esser dusento bale de specie, cento cinquanta bote de moscatelo, trenta sachi de cotoni, e quaranta bote d'uva passa; e che in Biscaia, ghe è specie per 2,000 ducati; e che se leva un conto del danno patido, chè l'ha intention de satisfar el tutto : che 'l Corsaro ha domandà salvo conduto al Rè per tre settemane, per giustificar le so rason; e'l Re ghe ha resposo che al vuol che'l paga; e che'l no è par farghe salvo conduto, se l'ambassador della Signoria no consente : e che esso ha ditto al Re, che la Signoria ha da negociar con altri che con la sua Maestà, e che quanto al salvo conduto, el fazza quel che ghe par. E con questa resposta, el Re ha fatto'l salvo conduto al Corsaro; el qual è comparso, e ha ditto delle so rason fondate su l'interditto e scomunega del Papa, la qual ho notà in la seconda Parte, sotto quest' anno que corre 1486. E'l Re ha sententià finalmente, che il diebba restituir le galie e tutte le robe, e che si so beni sia obligati a la refation; e ha dechiario, che se i beni del corsaro non satisferà integramente, che'l pagherà esso'l resto : e se ha mostrà facile a satisfar la Signoria, perchè l'è homo giusto, e perchè'l dessegna de far l'impresa del Regno de Napoli.

(Domenico Malipiero, *Annali Veneti*, dans l'*Archivio Storico Italiano*, vol. VII, Parte seconda, pp. 621-22.)

XXXVI.

Ser Hieronimo Georgio equiti Oratori nostro
in Francia.

1486
20 avril.

Complures accepimus litteras vestras complurium dierum
quarum postreme allate nobis fuere per Falconetum cursorem dierum 21 et 22 mensis exacti, et priores attulerat Thibaldus,
quibus nullam in presenti responsum ex igitur : per has vero
postremas visis omnibus ijs que nobis significastis in plurimis
rebus necesse est ut vobis respondeamus et declaremus mentem
nostram, quo optime omnium instructus procedere in hac materia valeatis juxta intentionem nostram et exigentiam huius
negotij. Imprimis autem commendamus plurimum quecumque
ad hunc diem diligenter et circumspecte egistis, et potissimum
in dirigendo vos et actiones vestras in Regiam Maiestatem que
nobis policita est integram restitutionem rerum omnium nostrarum et indemnitatem ex hac nobis inuiste et contra fedus nostrum illata violentia et iniuria a prefectis classis sue, ob quod
et quidem prudenter negastis salvum conductum vestrum Georgio greco, nec minus declarationem quam a vobis preti fecerat
quod non molestaretur vigore litterarum regiarum penes vos
existentium in quo profecto ut diximus vos optima habuistis : Et
si rege Celsit^{ni} visum fuit prefatos subditos et stipendiatos
suos sub fide regia salvos et securos reddere per dies XIIIJ ob
respectus et rationes vobis explicatas hoc relinquimus sapientis
simo iuditio Cels^{nis} sue, que id facere potuit quod iudicavit magis
conducere huic sue cause : Suam dicimus quoniam nil nobis est

cum Georgio greco et reliquis, rationibus predictis : Expectamus igitur intelligere quid per adventum predictorum prefectorum secutum fuerit et ordinatum a M^{te} prefata. Vidimus
quod operata est profectio domini Tursij et inventarium rerum
recuperatarum ab eo et positarum in manus regias; miramur-
que et dolemus quod tantum illarum rerum occultatum fuerit
ut minimum quid fuerit repertum iuxta continentiam dicti inven-
tarij, credimus que prout regia quoque sub^{tas} vobis affirmavit,
quod etiam extra locum unius fructus reperiantur ex bonis et
mercibus nostris pro bona quantitate. Nec possumus nobis per-
suadere quod in britania quo conducta fuit medietas mertium
galee londoniensis, parum etiam quid fuerit inventum : et tenemus certissime quod si in hac re adhibeatur ea diligentia que
convenit longe maior summa mercantiarum et honorum nostrorum recuperabitur : .... omne studium et diligentiam vestram apponatis ut quo maior quantitas possibile sit extrahatur
de manibus illorum regiorum prefectorum tam in uno fluctu
quam extra, ac etiam in britania et alibi.......

(*Deliberazioni Senato (Secreta)*, vol. XXXIII, p. 6. *Calendar*, n° 151.)

1486
20 avril.

XXXVII.

Ser Hieronimo Georgio equiti Oratori nostro in Francia.

Magno tenebamur desiderio accipiendi litteras vestras, tum
quod duos jam fere menses illas non acceperamus tum quia
expectabamus indubie expeditionem, et conclusionem materie

1486
14 octobre.

1486
14 octobre.

pro qua missus fuistis etiam tantum temporis contrivistis petendo satisfactionem nostram in causa tam honesta et iniuria tam inique nobis illata, in hoc desyderio et expectatione nostra, supervenere littere vestre diei iiij mensis preteriti significantes perseverantem contumaciam et inobedientiam admirati in non dandis illis mercantijs sine generali quietatione, replicationemque litterarum regiarum quas nihilo plus profuturas certissime tenemus quam profuerint precedentes efficacissime scripte in ea materia ad hoc ; vidimus sermonem et conferimentum a vobis habitum cum illis tribus dominis deputatis et eorum opinionem et responsionem diversam penitus ab omni equitate ; vidimus demum cetera in dictis litteris vestris particulariter nobis declarata, ex quibus omnibus tanta admiratione sumus affecti, ut vehementius admirari non potuerimus considerantes circumstantias totius huius negotij, et quo pacto protracta est, et nunc declinari tergiversari queritur et tentatur tam conveniens tam debita et omnis iuris et honestatis plena satisfactio et restitutio bonorum et mercantiarum a prefectis regijs cum insignibus regie M^{tis} summe benivolentie et sincerissimi foederis vinculo nobis annexe occupatorum : quas ob res laudantes prudentiam et diligentiam vestram in hac materia adhibitam, et imprimis quod nullam mentionem feceritis de ducat. L. m. detrahendis ex tota summa ex quo ad nullam compositionem et concordium inclinati videntur deputati predicti, sed persistunt in affirmando regiam Celsit^{em} teneri tantum ad iusticiam administrandam contra bona et personas prefectorum suorum, ac restitui faciendum mercimonia que in rerum natura reperirentur, solvendasque expensas factas in missione illorum commissariorum, et preterea nihil volumus et mandamus vobis, quod si ad pre-

sentium receptionem prefatos deputatos persistentes in sententia
non videritis dispositos ad aliquam compositionem nec posse
amoveri a conclusione suprascripta quod etiam denuo per
novum cum eis congressum elicere conabimini, non omittendo
quicumque dexteritatis et solertie vestre, in hoc casu dirigatis
omnes cogitationes vestras ad extrahenda e manibus admirati
recuperandaque et mittenda Antonam iuxta formam superiorum
mandatorum nostrorum mercimonia existentia in uno fluctu, et
in illis locis : faciendo quietationem pro illis tantum rebus que
vobis seu nuntio vestro fuerint consignate, et non aliter ullo
pacto, quoniam non succedente effectu compositionis malumus
ea omnia dimitti quam accipi cum quietatione generali. Subinde
mittetis in britaniam aliquem nuntium vestrum fidelem et pru-
dentem : scribetisque ad consules nostros londaniarum et brugiarum ut et ipsi mittant eo, alterum eorum nuntium, qui ambo
nuntij vester sciliciter et consulum mercimonia ibi recuperata
vendant, quo maiori poterunt pretio, et pecunias ad ipsos consules deferant una cum particulari computo et distincto omnium
dictorum mercimoniarum et venditionis eorum. His omnibus ita
peractis captato tempore regiam adibitis presentiam, cui nostro
nomine explicabitis non minus fuisse preter spem, et expectationem nostram, tantam dilationem iniectam satisfactioni nostre,
vel verius iusticie et equitatis, quam fuerit inopinata et inho-
nesta vis et oppressio triremium nostrarum, que fuit eiusmodi ut
certissimum tunc ab omnibus teneretur et indubitatum, quod
cumprimum eo applicuissetis, secutura evestigio et sine multo
negotio foret redintegratio nostra, et castigatio graviter eorum,
qui talia ausi fuissent : subsecuta post modum fuit et quidem
merito equissima illa regia et convenientissima vobis facta pro-

missio, plurimis validissimis et autenticis documentis et scrip-
turis comprobata digna profecto iusticia et equitate Cristianis-
sime M^{tis} sue, digna validitate, et sinceritate federis nostri, digna
nostra vetustissima benivolentia et perpetua observantia, in
istam Christianissimam et Serenissimam coronam semper adhi-
bita, et postremo adoucta ad cumulum erga M^{tem} suam, nil
voluit iusticia et honestas, nil profecit inconcussam fedus et
observantia nostra, nil profuere regia constantissima promissa
et decreta illius gravissimi et sapientissimi consilij, omnia in
cassum ad hunc diem cessere, et nihil omnino fructus parere
potuit tam diuturna mansio istic vestra, quam addere dispendia
dispendijs et labores laboribus, nequicquam susceptis. Rationibus premissis affirmabitis deliberasse nos ad patriam vos revo-
care, et eisdem motos persuaderi non posse, quin in hac materia illa ratio habenda sit a M^{te} Cristianissima et iustissima
sua, que iusticie faciat satis, quamque nos expectamus, et uni-
versi Christiani principes audire et intelligere cupiunt. Unam-
quamque harum partium carptim a nobis enumeratarum vos
prudenter graviter et accomodate amplificabitis immiscendo
omnem illam verborum dulcedinem, et efficatiam, quibus optime
ut scietis, et demum commendata strictissime indemnitate nostra regie Celsit^{ni} sumptaque ab ea bona et grata venia redibitis
ad presentiam nostram omnium rerum in illis partibus occuren-
tium amplissime informationes.

Erunt his alligate bine littere dirrective Ill. d. duci lothoringie, et M^{co} d. Cancellario scripte in forma introclusa iuxta
memoramentum vestrum quibus uti poteritis prout fuerit expediens.

POST–SCRIPTUM.

*Ser Hieronimo Georgio equiti Oratori nostro
in Francia.*

1486
14 octobre.

Ve commettemo per le alligate nostre quanto havete ad exequir, non volendo la regia M^{ta} over quelli tre signori deputati
venir ad composition et accordo cum nui per la satisfaction
del danno nostro, et tale commandamento nostro procede perchè indichemo per la experientia et effecto de le cosse sucesse
fin quì, in questa materia, che ogni opera, et faticha e vana et
frustratoria ac etiam cum diminution de la reputation nostra,
E converso gravissimo ne foria che miglior exito se ponesse a
questa cossa, sel fosse possibele, per li respecti che non debeno
esser incogniti à la prudentia vostra. . . . .

(*Ibidem,* vol. XXXIII, p. 37. *Calendar,* n° 515.)

XXXVIII.

Protonotario Stangha,

1492
7 octobre.

Monsignore, vederete quello che lo Christianissimo re di
Francia ne replica per le robe tolte al speciale suo da Colombo,
corsaro de S. Remo quale poi le condusse ad Onelia; sopra la
quale materia ringratiando sua Maestà de quello che ha recuperato questo suo speciale, insta cum la efficacia quale vidite
che'l sia facto satisfare per el resto. Noi di questa cosa havemo
scripto più volte et non essendo seguito effecto totale de la
satisfactione siamo costretti de novo scrivere per non manchare

alla requisitione de la prefata Maestà. E pero voi vi trovarete cum el governatore vestro cum Messer Joanne et cum chi questi estimarono ad proposito, e li significarete questo che habiamo dal Christianissimo re di Francia e li pregarete a volere diligentemente examinare la cosa e farli le provisioni quale siano debite per satisfare a chi è stato damnificato perche anchora noi per quello che possa spectare alle cose de Onelia per el recapito dato a parte di quelle robbe ne scrivemo efficacemente a Roma.

. . . .

Viglevani, 7 Octobris 1492.

XXXIX.

Illus^{mo} Principi et Exmo.

Signor mio, le continue querelle se fanno rispecto ad coloro vanno in corsso senza dare idonee fidejussione de non offendere amici, hanno talmente alterato lo Gubernatore, che per esso non mancha de perseguirli per tutte quelle rivere. Per il che ne li dì passati se ne tolsero duj : l'uno chiamato Colombo de Unelia, l'altro Bernardo da Sestri di ponente. Quali doppo le debite solemnitate de ragione per intimorire il resto, se sono facti impichare a la torre dil Molo. . . . .

. . . .

Genuæ, die 23 Decembris 1492.

Di V. Cels^e divotissimo Servitore,

Alberto dal Carreto, etc.

A TERGO : — Illus^{mo} . . . . . . duci Medlolani, etc.

XL.

Illmo et Exc^{mo} Signor mio Singularissimo,

1492
29 décembre.

. . . .

La secunda è de la remissione de le represalie concesse al speciale del Christianissimo re di Franzia, per la presa de le spetierie gli furono tolte per Columbo corsaro in quella spiagga *(sic),* quale l'Ex^a V^a poe scrivere qui al Magnifico Governatore che li siano remisse et annullate, havendo deliberato far satisfare al dicto speciale de l'intrate, quale erano de messer Dominico; como quella se debbe racordare havere scripto a la Maestà del prefato Christianissimo re, e como è anche conveniente, perciò che Francescheto, figliuolo del prefato messer Dominico era quello che daseva recqeto [*sic pro recepto?*] a quello Columbo corsaro; e che haveria potuto, se'l havesse voluto, far restituire le robbe al dicto speciale. . . . .

. . . .

Genua, 29 Decembris 1492.

Illus^{mo} dominationis vestræ,

Fidelissimus servitor,

Conr. Stangha.

A TERGO. — D. . . . . duci Mediolani, etc.

XLI.

Prefectis reipublice,

1493
avril .

Deputati, vi mandamo inclusa la littera quale scrive el protonotario Stanga circa la declaratione del credito del speciale
Francese per le robbe quale li tolse Columbo corsaro de Onelia, et insieme sara una suplicatione soltoscripta dal Vicario
Ducale per declarare che 'l non intende fare altra taxa de spese
essendo taxato li 605 ducati per el capitale et spesa. Le quale
littere vi mandamo perchè ne tengate cunto et assignate le in
trate de messer Dominico Doria in valle de Onelia per tanto
tempo che 'l sia proveduto alla satisfactione de questo speciale
integramente per la summa liquidata, pigliando dà lui la confessione del pagamento a tempo per tempo et in questo userete
diligentia et celerità per no tenerlo più sulla spesa.

Viglevani. — 1493. Kal. Aprilis.

FIN.

INDEX

1. Nous omettons les renvois à ces noms, qui se trouvent presque à chaque page.

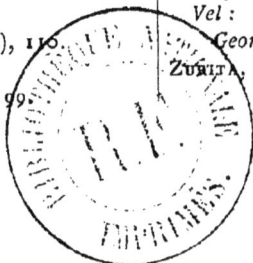

DU MÊME AUTEUR :

LETTERS OF CHRISTOPHER COLUMBUS DESCRIBING HIS FIRST VOYAGE TO THE WESTERN HEMISPHERE. TEXTS AND TRANSLATIONS. New-York, 1865; in-folio.

NOTES ON COLUMBUS. New-York, 1866; in-folio.

BIBLIOTHECA AMERICANA VETUSTISSIMA. A DESCRIPTION OF WORKS RELATING TO AMERICA PUBLISHED BETWEEN THE YEARS 1492 AND 1551. New-York, 1866; grand in-8°.

DON FERNANDO COLON, HISTORIADOR DE SU PADRE; ENSAYO CRITICO. Sevilla, *(Para la Sociedad de Bibliofilos Andaluces)*, 1871; in-4°.

BIBLIOTHECA AMERICANA VETUSTISSIMA. ADDITIONS. Paris, librairie Tross, 1872; grand in-8°.

NOTES POUR SERVIR A L'HISTOIRE, A LA BIBLIOGRAPHIE ET A LA CARTOGRAPHIE DE LA NOUVELLE-FRANCE ET DES PAYS ADJACENTS, 1545-1700. Paris, librairie Tross, 1872; in-8°.

INTRODUCCION DE LA IMPRENTA EN AMÉRICA, CON UNA BIBLIOGRAFIA DE LAS OBRAS IMPRESAS EN AQUEL HEMISFERIO DESDE 1540 A 1600. Madrid, Rivadeneyra, 1872; in-4°.

FERNAND COLOMB, SA VIE, SES OEUVRES. ESSAI CRITIQUE. Paris, librairie Tross, 1872; grand in-8°.

L'AUTHENTICITÉ DES « HISTORIE. » Paris, 1873; brochure in-8°.

SOUS PRESSE :

LES « HISTORIE, » LIVRE APOCRYPHE.

Revue critique du mémoire lu par M. d'Avezac, membre de l'Institut de France, à l'Académie des Inscriptions et Belles-Lettres, dans ses séances des 8, 13 et 22 août 1873.

PARIS. — J. CLAYE, IMPRIMEUR, 7, RUE SAINT-BENOIT. — [636]

www.ingramcontent.com/pod-product-compliance
Lightning Source LLC
Chambersburg PA
CBHW051719090426
42738CB00010B/1993